送 给 青 春 期

父母送给青春期女儿的私房书

胡 琳 / 编著

中国纺织出版社有限公司

内 容 提 要

青春期是每个女孩从儿童到成熟女性过渡的重要时期。初入青春期的女孩会对身体的变化产生好奇、困惑，也会不知所措，此时，女孩们急需有一个贴心的生理老师来为自己答疑解惑。

本书就是从生活中青春期女孩的常见问题出发，为女孩们讲述青春期生理知识和身体秘密，并给予她们悉心的指导，让女孩学会呵护和保护自己的身体，进而健康快乐地度过暴风雨般的青春期。

图书在版编目（CIP）数据

父母送给青春期女儿的私房书／胡琳编著. --北京：中国纺织出版社有限公司，2020.1

ISBN 978-7-5180-6865-4

Ⅰ.①父… Ⅱ.①胡… Ⅲ.①女性—青春期—健康教育—家庭教育 Ⅳ.①G479②G782

中国版本图书馆CIP数据核字（2019）第229774号

责任编辑：郝珊珊　　特约编辑：李　杨

责任校对：寇晨晨　　责任印制：储志伟

中国纺织出版社有限公司出版发行

地址：北京市朝阳区百子湾东里A407号楼　邮政编码：100124

销售电话：010—67004422　传真：010—87155801

http://www.c-textilep.com

中国纺织出版社天猫旗舰店

官方微博http://weibo.com/2119887771

三河市延风印装有限公司印刷　各地新华书店经销

2020年1月第1版第1次印刷

开本：880×1230　1/32　印张：6.5

字数：118千字　定价：39.80元

前言

生活中十几岁的女孩们，一段时间以来，你可有这样的感触：

你是否发现自己的胸部开始鼓起来了？

你是否发现身体长高了许多？

你是否发现脸部总是莫名其妙地长出痘痘？

你是否发现身上的秘密部位开始长出“花草”？

你是否发现来月经了？

你是否开始不好意思跟男生说话了？

……

其实，这些变化都表明你正在进入青春期。青春期是人体迅速生产发育的关键时期，也是继婴儿期后人生第二个生长发育的高峰期。女孩青春期的起讫时间各为9~12岁及18~20岁。

青春期带来的身体上的变化，会表明你长大了，正由一个年幼的女孩蜕变为一个成熟的魅力女性，你应该感到高兴。诚然，你将面临很多苦恼，正如人们说的“暴风雨般的青春期”，但是，既然你已步入青春期，你就要调整好自己，坦然面对那些疑惑、迷茫、开心和难过。

在这个特殊的时候，面临身体的变化，你总想有一个权威的答案帮你答疑解惑。但是，出于尴尬，你又不可能一一问询父母长辈，对此，从本书中，你将获得答案。

本书专门针对女孩进入青春期后，身体发育上的问题，讲述青春期女孩都需要知道的身体秘密，从而解开女孩对生理问题的困惑，并告诉女孩们如何保护自己，让女孩顺利度过这一极具变数的人生阶段。

编著者

2019年7月

目录

第01章

女孩身体变化不必怕，属于你的青春之花开放了

随着物质生活水平的提高，现在的女孩，生理成熟的年纪越来越提前了。青春期的到来，使她们的身体发生了一系列的变化，如胸部发育、月经来潮、身高增长等。对此，不少女孩感到困惑和迷茫，不知如何处理。其实，这表明你正在进入青春期，你应该感到高兴，因为你将逐渐成长为成熟的女人了。

胸部为什么鼓起来了

小曼今年13岁，一直无忧无虑地成长，可最近，她总觉得胸部胀痛，因而她赶紧愁眉苦脸地向妈妈求救："妈妈，我为什么觉得这里疼？"小曼说着指了指自己的胸部，她还不太好意思当着妈妈的面说乳房二字。

妈妈一下子留意到小曼的胸部已经开始发育了，明显鼓起来，就像是含苞待放的花蕾。因而妈妈莫名其妙地笑了，小曼则有些恼羞成怒："妈妈你怎么回事，我这里疼，你还笑！"妈妈则淡然地说："乳房在发育，会有一些微微的胀痛。注意不要挤压，也不要碰到哪里，发育之后就好了。"听了妈妈的话，小曼这才放下心来。

乳房是女孩发育开始的第一个信号，随着乳房的发育，每个女孩都会遇到小曼这样的问题，不要惊慌，这是正常的生理现象。随着女孩年龄的增长，有一天你的胸部会像妈妈的一样，饱满而高耸，不要觉得害羞，这是女人的骄傲，是一个女人美丽健康的象征。

不过，乳房的发育还伴随着很多问题，这就需要你了解一些关于乳房发育的常识。

一、乳房为什么会觉得胀痛，还有硬硬的包块

女孩子在10岁左右，随着性发育的启动，第二性征逐渐显露出来，乳头如花蕾一样绽出，乳房逐渐如小丘样膨隆，而这给很多青春期的女孩造成些许困扰，其实，女孩不必担忧，这是正常的生理现象，乳房的发育是少女青春期来临的第一个信号。

处于青春期发育阶段的少女，由于月经来潮前体内雌激素水平增高，致使乳管扩张，上皮细胞增多、肥大，会引起乳管周围基质水肿，乳房胀大变硬，于是有时会摸到乳房内结节样块状物，并感到胀痛、压痛，这是乳房发育中正常的生理现象，对此不必过分担忧。当然，为了你的乳房能够健康长大，青春期的女孩一定要注意补充营养，注意不要束胸，避免碰撞乳房或乳头，少吃含高糖高脂的食物，不吃使用催熟剂的食物，少吃海鲜、咸肉等，并且要随时关注乳房的变化，平日里给它最温柔的呵护。

二、乳房为什么这么小，而且两个也不一样大

乳房发育是青春期的象征，其实，人在胚胎的第六周，乳房就开始萌芽了。到出生时已初具乳房的雏形。女孩乳房的发育受很多因素的影响，如种族、遗传、营养、地域和生活习惯等。由于种种原因，少女乳房的发育会呈现不同的情况。很多青春期的女孩担心：乳房为什么这么小，两个也不一样大？这是不是一种病呢？

其实，乳房小是一种发育不良，但不是一种病，这主要是和营养状况以及身体素质有关系。其次，青春发育期少女的两侧乳房出现明显的一大一小，一般是由以下几点原因造成的：

1.肢体的不对称性活动易影响局部的血液循环。如长期进行篮球、羽毛球、铅球和长跑等体育锻炼，运动一侧上肢或胸肌，就会使得单侧肌肉锻炼较多，造成单侧乳房发育较快和健壮。

2.习惯性姿势的影响。如长期偏于一侧、俯卧的睡眠姿势，走路时脊柱侧弯或肩膀一边高一边低的姿势，都会造成女孩乳房发育的不对称。

3.两侧乳房的血管、神经、激素受体都可能分布不均匀，通常是因为乳房中一种叫“乳芽”的物质对体内雌激素、孕激素敏感性强弱不同造成的。

4.有些女孩在乳房发育期，因害羞而穿过紧的文胸，以致乳房发育受限而不对称。

因此，女孩不必自卑，只须找到问题的原因，然后对症下药。女孩在发育的时候，要尽量保证营养状况和身体素质，也不要有过多的心理压力，要养成正确的肢体运动姿势，同时，适当的锻炼是必需的！

三、乳房怎么会流出乳汁

青春期的女孩，伴随着身体的发育，作为第二性征的乳房也快速增长起来，乳房发育也常常是少女性发育最明显的起点。但有些青春期的少女会遇到一个困惑：乳房怎么会流乳汁？

其实，从医学上讲，乳房内部有腺泡和腺管，腺泡细胞有泌乳的功能，腺管是乳汁的通路。乳房发育过程中是不分泌乳汁的，其原因应从泌乳素的来源说起。泌乳素是从人脑里的一个内分泌腺——叫做脑下垂体的细胞产生的，但是它还要受到下丘脑分泌的泌乳素的抑制因子的控制，限制脑下垂体分泌泌乳素，所以泌乳是产妇育儿的一种特殊功能。一般妇女，尤其是青春期女孩是不出现泌乳功能的。

未婚少女分泌乳汁也称“高泌乳素血症”。高泌乳素血症的患者，除了溢乳外，还常常伴有不同程度的月经紊乱，严重者甚至出现闭经、毛发脱落、体重增加、头痛、视觉障碍、外生殖器萎缩等症状，形成一组以溢乳、闭经、不孕为主要表现的疾患，也称为“溢乳——闭经综合征”。但是，不管症状表现的轻重程度如何，其主要原因都是产生了过量泌乳素。可引起高泌乳素血症的原因很多，大致可分成以下几类：下丘脑性障碍、垂体障碍、原发性甲状腺功能减退、药物因素、神经刺激等。

所以，青春期的少女出现溢乳时千万不要掉以轻心或置之不理，一旦出现这种泌乳现象，应当及时去医院检查。但不必惊慌，只要及时治疗，这些症状会慢慢消失的。

青春期该如何保护乳房

这天晚上，丽丽在房间做作业，妈妈端了一盘水果敲门进来。

“吃点水果再写吧。”

女儿随便应了一声：“哦。”

妈妈看出丽丽情绪不对，就问她怎么了，这时，丽丽才支支吾吾说出心里的事：“最近，晚上我总是睡不着，这并不是学习上的问题，而是我发现自己的胸部开始有点胀痛，还开始长了一些硬硬的包块，我的情绪也变得莫名烦躁，我这是怎么了？我是不是像电视、杂志上说的那样生病了？”

“我的乖女儿，这是你的乳房开始发育了，不过你要学会保护它们，别让乳房受伤。”

“那该怎么保护呢？”

青春期亦称青春发动期，为性变化的开始到成熟的阶段。中国女孩乳房开始发育的时间为12~15岁，对此过程中出现的一些问题，女孩不必太惊慌，此期乳房发育是健康的生理现象，也是走向成熟的标志之一，应加倍护卫自身的乳房使之丰满茁壮。在乳房发育的过程中要注意以下几点：

1.注意姿势。正确的姿势是在日常生活中慢慢养成的。平时走路要昂头挺胸，收腹紧臀；坐时也要挺胸端坐，不要含胸驼背；睡眠时要取仰卧位，尽量不要俯卧。

2.切忌外伤。女孩在体育运动中，要注意安全，要注意护卫乳房，切忌碰伤或挤压伤。

3.做好胸部保健。一些强度适中的运动是有利于女孩乳房发育的。如多做些扩胸运动或俯卧撑、扩胸优美操等。

4.坚持按摩。维持早晚按摩乳房，利用神经的反射作用保持脑垂体激素的分泌。

5.营养要适度。年轻女性忌讳片面地追求曲线美而过度地节食、偏食，适量蛋白质食物的摄入，能保持乳房丰满。

青春期的女孩在乳房发育过程中应当做好保健和营养工作，这样才能保证乳房正常、健康地发育！

那么在日常生活中，少女们怎样注意乳房的保健呢？其实只须在以下方面多加留意即可，并不需要花费过多的时间和精力：

1.营养充足。充足的营养是乳房发育的根本保证，这样，才能保持乳房部的肌肉强健、脂肪饱满。

2.行端坐正，保持优美的体态，特别是不能含胸，应挺胸、抬头、收腹、直膝，使优美的乳房能骄傲地挺出让女孩的风采充分展示。

3.根据自己乳房的情况佩戴质地柔软、大小合体的乳罩，使乳房在呈现优美外形的同时，还能得到很好的固定、支撑。

4.注意保护乳房，免受意外伤害，在拥挤的公共汽车上及逗弄小孩时尤其应该注意。

5.注意乳房的清洁，经常清洗乳房，特别是乳头乳晕部，这一点对于那些先天性乳头凹陷者来讲尤为重要。

6.定期对乳房实施自我检查，定期到专科医生处作乳房部位的检查，在自我感觉不适或检查发现问题时，应及时就诊，以早期诊断、早期治疗各种乳房疾病。

的确，青春期的少女像一朵还未开放的花蕾，但沉重的学习负担让很多少女身心俱疲，也无暇顾及身体发育过程中的一些问题。其实，在女孩的身体发育，尤其是乳房发育的过程中，一定要注意保护它的安保全。

另外，青春期女孩需要注意，束胸、束腰害处多多。处于青春期的女孩，乳房和腰部也都开始成长发育，慢慢地显现出了一些成熟女性的特征，鼓起来的乳房和逐渐增长的腰围，让很多女孩感到羞怯甚至接受不了，于是采取束胸束腰的方法来掩盖这些女性特征的发育。其实，这是一种非常要不得的举动，这种行为对于女孩的发育和身体健康有很大危害。

青春期女孩由于体内激素的作用，乳房开始发育，脂肪逐渐沉积。乳房发育表现为乳腺组织增厚、外凸，乳头变大，乳晕颜色加深。有些女孩感到有些害羞，常常有意含胸，甚至用布带来束胸，这都是非常有害健康的。

乳房是授乳器官，青春期束胸，必然会使乳腺腺泡发育受阻，影响乳房增大，致使将来的授乳功能受到影响。青春期的呼吸功能增强，肺活量迅速增大，肺的重量增为出生时的9倍，与此相适应，随着骨骼的发育，胸廓亦不断增大。此时束胸，必然会影响胸廓的增大与扩张，阻碍肺的发育，从而导致肺活量小，影响呼吸功能。不仅如此，这样也会影响到女性的整个形体的美观。乳房是女孩发育成熟的一个符号，是一个美的标志，乳房的发育也是正常的生理变化。

束腰，对女孩身体的发育也是百害而无一利。女人腹部有许多重要脏器，如肠、胃、子宫、卵巢等，这些器官在青春期逐步发育完善。束腰会影响身体的自由活动，使腹部的血液供应受到限制，致使腹腔脏器供氧不足，乃至影响青春期女孩生长发育及生理功能。另外，束腰还影响下肢血液循环，导致出现下肢水肿等情况。

现代女性在体形美上的要求应该是挺胸、收腹，非但不能束胸，反而要加强胸部肌肉的锻炼，使之高耸；而腹部锻炼，如仰卧起坐、收缩腹肌等可使腹部变小，更加美观！

你会挑选合适的内衣吗

丽丽终于穿上了妈妈给她买的文胸。这天，丽丽抱怨道：“这该死的文胸，怎么穿都不舒服，妈妈你在哪里买的啊？为什么非得穿文胸，真是麻烦！”这是丽丽第一次穿文胸，很不适应。

青春期女孩随着身体的发育，乳房也逐渐成熟，它不仅能够体现出女性玲珑有致的身材美，更是肩负着哺育自己下一代的重大责任，所以我们要给它以最温柔细致的呵护。文胸的佩戴能在很多方面保护乳房，使它能健康地发育，所以说女孩佩戴文胸是十分有必要的。佩戴文胸有很多技巧和需要注意的地方，清洗文胸也和洗涤一般的衣物不同，下面我们就来了解一些关于文胸的知识。

一、何时需要开始佩戴文胸

佩戴文胸是每个女孩身体即将成熟的标志，文胸的佩戴能在很多方面保护乳房，使它能健康地发育，比如：

1.文胸能起到支持和扶托乳房的作用，有利于乳房的血液循环。对青春期女孩来讲，文胸不仅能为正在发育的乳房塑造一个漂亮的胸型，还可避免因碰撞等外力给乳房带来伤害。

2.文胸能保护乳头免受擦伤和碰痛。

3.保护乳房，避免下垂。

4.文胸能够保护乳房在运动和奔跑时不受剧烈震动的伤害。

5.冬天可防止寒风钻入肌肤而使乳房受凉。

青春期的女孩应该何时开始佩戴文胸呢？一般说来，女性在乳房发育已基本完成时开始佩戴文胸比较适宜。倘若刚刚步入青春期的小女生就戴上文胸，会影响乳房的正常发育。

女生一般17岁左右就可以在母亲的帮助下选择适合自己的文胸。但是因为有些女生发育得早，有些发育得迟，所以应按实际情况而定。总之，当女生胸部发育成熟后，就要戴文胸。

在适当的年龄佩戴上合适的文胸，不仅能使女孩的身体具有曲线美，还能保证乳房的健康发育！

二、佩戴文胸的技巧

女孩到了适当的年龄，衣柜中就多了一件必备的物品——文胸，但处于青春期的女孩往往觉得文胸有一些神秘感，至于怎么佩戴文胸，也有很多疑问。那么，究竟怎么佩戴文胸呢？

1.首先放松立于镜前，将肩带穿过双臂，套在两肩上。

2.上身稍稍前倾，两手按住文胸的钢圈底边，轻轻地从胃腹部上移到乳房隆起的根部，使乳房完全套进罩杯内。

3.然后两手沿着文胸的底边向两侧滑向背后，扣好挂钩，继续放松前倾的姿势，一只手托在钢圈的下方，另一只手伸进罩杯内从背部开始向腋向将罩杯上面以及四周的脂肪和胸肌一起完全拨弄进去，接着调好肩带。

4.检查文胸的钢圈是否紧贴在乳房隆起的根部。因为钢圈起到支撑固定和塑形的作用，若发现有压迫的情况，再进行第二次拨拢归位，以免脂肪流失，胸部变小，胃腹部多脂肪。再看罩杯的大小是否合适。如有压迫和切割的形状，说明文胸的罩杯小，杯级不够深，这时一定要更换稍大的罩杯型号。最后检查文胸的肩带是否调好，底边是否松紧适度，抬手时有无上移和滑动，它的后比位置是否在蝴蝶骨的下方，前方心位是否正中。

正确地佩戴文胸，能让女孩的乳房发育得更加健康、优美！

三、如何选择文胸

青春期的少女，可能在选择文胸上有一些羞怯感，其实，大可不必这样，文胸是每个女孩在发育过程中都应该佩戴之物，自然，选择正确的文胸，也是每个女孩要学会的一门课程。

每个女孩，从青春发育期乳房基本定型时开始，除了在床上睡觉时，应该养成每天戴文胸的习惯。那么，如何选择文胸的质地和尺寸呢?

1.根据季节选择文胸。随着季节的变换，文胸的面料也应当及时地“更新换代”。夏日出汗较多，应穿戴纯棉、漂白布或府绸面料的文胸。春秋季节可佩戴涤纶面料的文胸。冬天宜戴较厚实的或有海绵的文胸。睡觉时，要松开文胸或者摘掉文胸再入睡，这样可以避免胸部持续受到紧压而发生不适，也有利于夜间呼吸和血液循环。

2.文胸的大小尺寸，要与胸围相符。这样，戴上后才感到舒适。文胸太大，起不到支托乳房的作用；太小会压迫乳房，既感到不舒服，又会妨碍乳房发育。文胸的生命力在于它的底线，它能让乳房在文胸的承托下有向上提起的效果，使女生不至于因为年纪的增长或者其他因素而导致乳房下垂或松弛。如果底线尺寸过大，就无法产生应有的承托功能；如果过小，会使胸部扎堆难看并无法正常运动。

3.选择一些质地相对较好的文胸。质地好的文胸，在透气、通风上相对较好。

学好选择文胸这门课，会对女孩的乳房发育大有帮助！

四、怎样清洗文胸

文胸是女孩在发育到一定年龄以后最贴身的衣物，文胸的清洁对于青春期女孩的健康来说是非常重要的，如果清洗方法不正确，可能会导致文胸变形或清洗不干净。那么，到底如何清洗是对的呢？

1.在水温上，最好是用冷水或比体温略低的温水洗涤，切勿使用热水，然后放入中性洗剂洗涤，等洗剂完全溶解后，才可放入文胸，洗剂不可直接沾于文胸上，否则会导致文胸颜色不均匀。

2.应以“轻按”的方式手洗，文胸不能过分挤压，以免弄皱。特别是有钢圈的文胸，不要用力揉搓。

3.特别脏的地方不要用小刷子刷，而要利用内衣自身的面料互相摩擦，即可完全去除污渍。使用洗衣机时请使用洗衣网洗涤。避免与外衣共洗，以免造成不洁；也不要与深色衣物混在一起洗涤，以免造成串色。

4.怎样清理文胸上的污渍：

汗渍——用米汤水浸泡，稍微搓洗后冲净。

果汁——将面粉撒于污渍上，以清水搓洗。

血渍——用牙刷沾上洗剂稀液刷洗。

5.清洗完文胸后，应该采取以下方式晾干：

①不要用手拧干：只可用干毛巾包裹，用手挤压，让毛巾吸干水分后，将内衣拉平至原状，要将罩杯形状整理好。

②悬挂点要正确：要以杯与杯中间点为中心，将清洗过的文胸悬挂起来，切忌将肩带挂上，因为水分的重量会把肩带拉长。

③不要暴晒：日晒易使衣物变质及褪色，所以内衣只能放在阴凉通风的地方晾干。

正确地清洗文胸，会让一件文胸的寿命更长久，也会让女孩在佩戴时更加舒适！

为什么女孩都有月经

一、什么是月经

月经是女性的一种正常生理现象，伴随着身体的不断成熟，青春期女孩必然要面临月经到来如何处理的问题。不少女孩对月经这种生理现象存在很多困惑，比如：什么是月经？

月经是指有规律的、周期性的子宫出血。月经初潮是指由于女孩子生理发育达到一定程度，子宫内膜在卵巢分泌的性激素的直接作用下出现的剥离出血现象。正常的月经不是通常意义上的出血，你不妨把经血看成是机体代谢后排出的“废品”。月经又称为月事、月水、月信、例假、见红等，因多数人是每月出现一次而称为月经。近年来，对月经的俗称有所增加，如坏事儿了、大姨妈、倒霉了等。

一般月经期无特殊症状。有些女孩可能有下腹及腰骶部沉重下坠感觉，个别可有膀胱刺激症状如尿频，轻度神经系统不稳定症状如头痛、失眠、精神抑郁、易于激动，肠胃功能紊乱如恶心、呕吐、便秘或腹泻以及鼻黏膜出血等现象。在一般情况下，月经来潮并不影响工作和学习；但不宜从事重体力劳动或剧烈运动，同时须注意经期卫生。

二、什么时候开始来月经

处于青春期的女孩，因个人体质、遗传因素和环境等很多原因的差异，来月经的年龄也会有所差异。但一般来说，初潮年龄大多数在13~15岁之间，不过随着人们生活条件的提高，女孩在幼儿时期营养补充比较全面，甚至不少女孩营养过剩，因此月经的到来会比大多数女生提前不少。现代社会，女孩的月经初潮平均在12.5岁。

所以，当青春期的女孩发现身体见红的时候，不必惊慌，这是身体在发育的信号，只要注意月经期的一些小问题，并不影响学习和生活！

三、来月经意味着什么

蝴蝶的长成需要一个破茧成蝶的过程，而对于女孩来说也一样，女孩也是在慢慢长大，月经就是女孩成熟的一个标志，这意味着女孩不再是小女孩，而开始变成女人，开始走向成熟。因此，女孩不必担忧，也不必害怕来月经，这是你生理成熟的一个信号。

来月经除了能表明女孩开始成熟以外，还意味着女孩的身体状况良好，这从以下几个方面可以体现：

1.可使女孩早期发现疾病。如果女孩已过18岁仍无月经来潮，或者女性既往曾有过正常月经，现停经三个月以上，就要检查是否生病，比如，生殖道下段闭锁、先天性无子宫或子宫发育不良、卵巢肿瘤、脑垂体肿瘤或功能低下、内分泌或消耗性疾病。

2.可避免过量铁元素带来的伤害。来月经证明女孩没有被过量的铁伤害。有一种称为血色素沉着症的遗传性疾病，容易引起患者铁元素代谢失调，身体内会积聚过多的铁；铁元素过量会缓慢地导致皮肤、心脏、肝、关节、胰岛等处的病变。治疗铁元素过量的方法之一是定期排放一定量的血液。血色素沉着症引起的器质性损害在女性身上出现的机会大大小于男性，甚至几乎不发生，就是因为月经的作用——周期性的失血正好消耗掉了过量的铁。

3.可促进造血功能。女孩来月经还证明了女性造血功能的正常。月经引起机体经常性地失血与造血，使女性的循环系统和造血系统得到了一种男性所没有的“锻炼”，它使女性更能经得起意外失血的打击，能够较快制造出新的血液以补足所失血液。

因此，女孩不要总是抱怨来月经时带来的麻烦，其实，你应该感谢来月经，这意味着你的发育状况良好！

四、月经是在每月的同一天来临吗

女孩月经第一次来潮称为初潮，出血的第一天称为月经周期的开始，两次月经第一天的间隔时间称为一个月经周期，一般为28 ~30天。提前或延后7天左右仍属正常范围，周期长短因人而异。而且，每个女性的身体机制不一样，来月经的周期也不一样。

有少数女性，身体无特殊不适，而定期两个月或三个月，甚至一年，月经来潮一次，古人分别将定期两个月月经来潮一次者称为“并月”；三个月月经来潮一次者称为“居经”；一年一行者称为“避年”。也有极个别的妇女，终生没有月经来潮，但又不影响正常生育，古人称为“暗经”。还有的妇女在怀孕早期仍按期有少量月经来潮，但对胎儿无不良影响，古人称为“激经”。当然，这都属于个别现象。

女性在月经初潮后的头一两年之内，月经不能按时来潮，或提前或延后，甚或停闭数月，这是由于肾气未能充盛所致，这些女子只要全身无明显症候，待身体逐渐发育成熟后，自能恢复正常，这也是常有的生理现象，一般不需要作任何治疗，因此，女孩不必为此惊慌。

五、月经量多少是正常

很多女孩问：“到底月经量多少才是正常呢？我的月经量是不是正常？”有这样的疑问很正常的，月经量多少关系着女性的健康和身体综合素质，所以不能忽视。每个女孩都应该对月经量多少为正常有一个大体的认识，以便及时发现自身的某些疾病或不适。

月经量是指经期排出的血量。正常人月经血量约为10~58毫升，个别女性月经量可超过100毫升。有人认为每月失血量多于80毫升即为病理状态，但也不尽然。

一般月经第2~3天的出血量最多。由于个人的体质、年龄、气候、地区和生活条件的不同，经量有时略有增减，均属正常生理范畴。

月经量多少为正常很难统计，生活中，我们常用每日换多少次月经垫粗略估计量的多少。正常的用量是平均一天换四五次，每个周期不超过两包(以每包10片计)。假如每月用3包卫生巾还不够，而且差不多每片卫生巾都是湿透的，就属于月经量过多了。

女孩应该对自己的月经量有个大概的了解，如果月经量过多或者过少，都应该到医院查明原因，但都不必过于惊慌。

六、经血为什么有气味

很多女孩担心，为什么自己的经血有一种气味呢？是不是有什么妇科炎症？其实，不必担心，这是一种正常的情况，一般情况下，这是一种腥味。这种气味，是子宫内膜毛细血管中的血液和子宫内膜脱离的组织，与子宫颈的黏液、阴道里的白带等分泌物混合在一起的气味。

这种气味的产生一般在经血比较多或者没有及时更换卫生巾的情况下更加明显，其实，女孩只要保持经期卫生情况良好，做好阴部的清洁，然后勤换卫生巾，是不会影响健康状况的。

在学校时“好朋友”突然造访怎么办

小玲曾经遇到一件很尴尬的事：

那时，她上初三。繁重的课业压得人喘不上来气，尤其是临近中考，她几乎每天都在头也不抬地做试卷、复习，复习、做试卷。一天，她和同学们又在周考。考完之后，小玲感觉不错，高兴得一蹦三尺高，和同学们冲到了操场上。每次周考之后，他们都可以在操场上疯玩半个小时。玩过之后，老师抱着厚厚的一叠资料来到教室，开始讲课。小玲原本听得很专心，突然感到自己的身体有些异样。很快，她就开始如坐针毡，因为她的“好朋友”突然来了。她一下子满脸通红，不知如何是好，站也不是，坐也不是。又加上是在上课，更没办法向老师报告啊，否则，所有同学的目光都会聚集在她的身上。小玲左看看又看看，根本无心听讲了。思来想去，她终于想出了一个好办法。下课之后，为了遮挡，她脱掉外套，装作不经心地系在腰上。为了掩人耳目，她还自言自语道：“这天，都秋天了，还这么热！”遮挡好之后，她迅速向同学借了自行车，甚至没来得及请假，就一路骑车奔回家中。

自从有了这次经历之后，小玲最害怕的就是上课的时候好朋友突然来访。为此，她总是提前几天就开始提心吊胆的。有一次，她的好朋友迟迟不来，害得她担心了半个多月。所以她总是提前做好防护措施，以防好朋友的到来。

其实，小玲面对的窘境相信很多青春期女孩都曾经遭遇过。青春期的少女对月经都有一些困惑，当月经光临时也不知道怎么办，尤其是在学校时，月经突然造访，往往会弄得女孩措手不及且十分尴尬。其实，应对这种突发状况的办法很简单，就是随时在书包或者抽屉里放一个卫生巾，当然，如果恰好身边没有卫生巾，女生还可以这样：

1.如果是初次月经，通常出血量都不多，你有足够的时间去向同学借或去商店买卫生巾。

2.如果月经在上课时间突然到来，可以向老师示意自己肚子疼，要上厕所，一般情况下，作为成年人的老师都会明白你的意思，也会很通情达理地同意你的请求。

3.如果经血量不是很多，身边又有足够的卫生纸或纸巾，可以把卫生纸反复折叠到足够厚度使用，先解燃眉之急。

4.如果经血已经渗透裤子，可以把外套系在腰上；可以用书包挡住；也可以找同学帮忙；去学校的超市买卫生巾或者请假回家。卫生棉通常可以向同学、老师、学校保健医或心理辅导室的老师借用。

青春期的少女一般对月经没有什么经验，不知道什么时候快来月经了，常常被这“不速之客”弄得措手不及。其实，在来月经前，是有一些生理上的反常的，当然，并不是所有女性都有这些生理上的反应。这些反常的信号有：

1.嗜睡，非常困倦。

2.腹痛，阵痛，不太明显，就像岔气一样，但是时间较长。

3.乳房肿胀，明显感觉比以前大很多，严重者会有疼痛感。

4.一些女孩会变得比平时饭量大，总是觉得吃不饱；另外一些女孩可能会没有食欲；也有一些女孩喜欢吃一些糖分较多的食物。

5.有莫名的情绪波动。

总之，女孩不必惊慌或害羞，你绝对不是第一个发生这种情形的同学！

好朋友来了要注意什么

梅梅正14岁，读初中二年级。这天，放学的路上，她的同学静静说："今天上课吓到我了，我同桌王娟突然肚子疼，疼得很厉害的样子，脸色都变了。我也不知道怎么办，就问她怎么了，她也不说，唉。"

梅梅笑了笑，回答："那是她来月经了，哈哈，这都不知道。"

"你是怎么知道的？"

"因为我也痛经啊，每个月我来好事的时候，就肚子疼，有时候疼得脸色苍白的。然后我妈妈会给我煮红糖姜茶……"

"而且，不能吃生冷的，对吧？"

"是啊，我们女孩子在身体上是比较脆弱的。"

月经的降临往往让女孩紧张不已，所以女孩要了解一些月经的常识和经期的注意事项，让自己从容地面对这个"好朋友"。

一、注意经期卫生

首先，卫生巾要勤换，因为积聚的血垢可刺激阴部的皮肤引起炎症，可使细菌大量繁殖造成感染。在行经期外出时要随身携带卫生巾（纸）备用。

其次，每天都用清洁的温开水冲洗外阴。要从前面用水洗，不要从后面向前洗，以免将肛门附近的污物或细菌带到阴道口。

再次，千万不要在浴盆里坐浴，也不要游泳。

虽然来月经会给你增添不少麻烦，可它毕竟是成熟女性所必须拥有的正常生理现象，只要逐渐习惯注意经期卫生，调节情绪，适当休息，月经就不会影响到你的日常生活！

二、来月经时，要减少体育课上的剧烈运动

对于在校的女孩来说，最害怕的事情就是经期上体育课，但这是不能避免的问题。其实，只要运动适量，女孩在经期是可以进行体育锻炼，并且上体育课的。那么，女孩子如何注意经期体育锻炼？

月经是一种正常的生理现象，一般没有什么痛苦和特别不舒服的感觉。虽然生活中有些女孩有腰酸、腹胀及腹部下坠等轻度不适，或出现困乏无力、容易激动等现象，但这些都是正常的生理反应，并不是病。

因此，在正常月经期，完全可以参加适当的体育活动。适度的运动和锻炼，不仅对月经没有影响，还会促进女孩的身体血液循环，增强抵抗力。对于初来月经的少女来说，在初潮后的一两年内，由于发育尚未完全成熟，容易受到不良因素的干扰和刺激，引起月经不调或闭经，因此，在这个时期适宜做些体力强度较小的锻炼，如徒手操、托排球、打乒乓球、羽毛球等。随着发育的成熟和月经周期的规律化，可逐步加大运动量。

当然，女孩在经期要注意避免进行剧烈的、高强度的或震动大的跑跳动作，如长跑、急跑、跳高、跳远、跳箱、高低杠等，也不能进行增加腹压的力量性练习，以免造成经血过多或子宫位置改变。在经期还应禁止参加游泳活动，因为，在月经期子宫口开放，易受感染。

此外，月经期还不宜参加体育比赛。因为体育比赛时精神紧张，活动量大，容易引起月经紊乱、腹痛、经量过多或过少等情况。患有痛经、经量过多或其他疾病的女孩子在月经期要适当休息，减少或停止锻炼，并配合积极的治疗。

三、缓解痛经有妙招

来月经时肚子痛，就是人们常说的“痛经”。不少女孩有痛经的症状，如在行经前或经期会感到腰酸、小腹坠胀，个别人还会全身无力、容易激动发脾气等。这一般不影响日常生活，所以，女孩不应该自作主张服用止痛片。

其实，痛经也是有一些原因的。引起痛经的原因很多，一般都与精神因素有关，如情绪激动、抑郁、精神紧张等，有时过度疲劳、剧烈活动、淋雨、受凉、大量食冷饮等也可以引起痛经。还有一些生理上的原因，如经血不畅、体质虚弱、气血不足、子宫位置异常、子宫颈口狭窄、子宫发育不良、子宫收缩增强或不协调等都会造成痛经。痛经固然会在月经过后自然消失，但若不采取积极的预防措施，将会造成身体和精神上的痛苦。

如何减缓痛经呢?

首先，预防痛经的发生，要做到平时加强体育锻炼，消除对月经的恐惧、忧虑和紧张情绪；注意经期卫生，行经时避免过度劳累，少吃生冷和刺激性的食物，并避免淋雨或洗冷水澡、在冷水中劳动等。

其次，女孩可以喝一杯热红糖姜水，或采取俯卧位休息，也可在小腹部放一个热水袋或用热毛巾轻轻揉腹部。轻微活动一下也有助于排出子宫内的充盈物，从而缓解疼痛。

再次，寒冷、淋雨、用凉水洗澡等会加重腹痛，应该尽量避免。

最后，如果疼痛非常厉害，可以服去痛片、安定片等药，短时间内就可以止痛，当然，这也要在医生或者家长的允许下服用。重者应去医院就诊，尽量不让痛经影响到自己的学习和生活。

痛经会随着女孩年龄的增长有所好转，并不是什么病，因此，不必担忧。

四、经期的饮食和休息

1.减少盐类摄取。过咸的食物，会使体内的盐分和水分贮留增多，在月经来前，很容易发生头痛、情绪激动和生气等症状，也容易引起水分淤积，让人觉得浮肿。

2.要有明智理性的饮食计划，不要有强迫性的节食，因为饮食足够才会有温暖安全与愉快的感觉，恶性的节食，只会加重经前紧张症候群的程度。也不宜吃生冷的蔬菜水果和冰冷的饮料，生冷的食物会降低血液循环的速度，进而影响子宫的收缩及经血的排出，致经血排出不利，引起月经痛。应注意饮食的平衡，如多吃蔬菜、水果、米饭、面条、面包、豆子、鱼肉、鸡蛋等。

3.要有足够的睡眠，并多卧床休息，热敷，深呼吸，学习放松技巧。

4.不宜穿紧身衣裤。臀围小的紧身裤会使局部微血管受到压力，乃至影响血液循环，造成阴部充血水肿。

5.适当运动，如散步，打排球；或益智娱乐活动，如围棋、桥牌等。所谓规律的运动是指每周3次，每次30~45分钟。

6.不可过度捶打腰背。虽然经期容易发生腰背酸痛等现象，但不可随意自行敲打，这样会使骨盆腔进一步充血，引起月经过多或经期过长。

女孩做到以上这些注意事项，就能与你的“好朋友”相安无事，让你在经期也能轻松愉快！

卫生巾的正确使用方法你知道吗

小小一直认为自己是一个“发育迟缓者”，周围的女同学都来月经了，她却还没有，她一直担心自己身体有什么问题。初三那年，她终于来月经了，她很激动，但又开始苦恼了，因为她不知道怎么购买和使用卫生巾。妈妈知道后，给她买了卫生巾，让她在学校换。可是她又生怕别的同学看到她已经有了“好朋友”，所以课间也不去换，结果导致阴部很痒，让她坐立不安，不知道怎么办才好。

其实，女孩对于卫生巾的使用并不需要过于害羞，为了身体的健康和清洁，及时更换卫生巾是十分必要的。在卫生巾在选择和使用上，女孩也应该注意，尽量选用优质透气的卫生巾，这样，才能轻松愉快地度过经期生活！

一、挑选卫生巾的技巧

月经期间，抗病能力降低，容易感染疾病，因此要特别注意经期卫生巾的使用。经期用品主要包括卫生巾、卫生纸、卫生棉。行经时应当选用适合自己的经期用品。现代女性一般首选卫生巾。

卫生巾是女孩来月经时的必备物品，它有许多种优点。目前市面上的卫生巾依其长度可分为“标准型”“加长型”和“特长型”；按其质量可分为棉质、纸质和干爽网面，女孩可以根据自己的具体情况选择使用。

选购时应注意质量，好的卫生巾应该柔软、无霉点、无异味，吸水功能好，巾身不易褶皱，用后舒适。女孩必须学会选用适合自己的卫生巾。那么，到底要选用什么样的卫生巾呢？

第一，柔软干净，吸水性好，用起来舒适方便，经血不易溢出弄脏衣物。一般卫生巾为非织造布制作，为纤维材料，受潮后材料变质，细菌易侵入繁殖，使用前最好经阳光曝晒。

卫生巾大都触感柔软，水分下渗迅速，有的采用伸缩护翼，可以有效防止侧漏或后漏。

第二，要透气。调查表明，73%的女性会在经期感到局部皮肤瘙痒、灼痛。这多是由于使用不透气的卫生巾造成的。因此，要安度经期，选择合适的卫生巾至关重要。

第三，不要选用大吸收量的卫生巾。很多女孩为了自己方便，又因为害怕在学校换卫生巾被人笑话，经常使用大吸收量的卫生巾，这种做法也是不提倡的。因为长时间不更换卫生巾会导致细菌繁衍，乃至诱发各种妇科疾病。

选用了正确的卫生巾，才能保证女孩在经期的卫生！

二、女孩慎用药用卫生巾

这也是很多女孩比较困惑的问题，当然，这要依个人身体情况而定，一般敏感体质的女性建议慎重使用药用型卫生巾。

我们经常可以发现，市面上有一种药物保健卫生巾，一般都宣称有抗菌、抑菌、止痒、减轻痛经、舒缓不适以及平衡阴道酸碱度的功效。其实，这种卫生巾在一定程度上能够对经期女性的私处起到保洁作用，但并不能够杀菌，患有妇科疾病的女性可以使用，但作为青春期的女孩则没有必要。如经常使用药物卫生巾，会打破私处的酸碱平衡，形成依赖，降低私处自我免疫和清洁作用，反而更易受到细菌侵害。

药用卫生巾不是不可用，但有敏感体质的女孩最好还是不要用，此类产品所含的药物成分可能会引起皮肤过敏，导致出现私处瘙痒等症状。皮肤敏感的女孩最好选用柔软舒适、对皮肤刺激小的棉质卫生巾。

除了少用药物卫生巾外，女孩还要注意，使用卫生巾前一定要洗手，否则极易导致私处感染。另外，很多女孩将卫生巾放在洗手间，殊不知，卫生巾受潮后细菌更易侵入。拆包后的卫生巾应放在干燥、洁净的地方，受潮后就不要再使用。

三、卫生巾要及时更换

可能很多在学校的女孩羞于去厕所换卫生巾，也比较关心卫生巾需要多久换一次这个问题。对于这些少女而言，换卫生巾应该做到以下方面。

卫生巾一定要勤更换，因为血液是细菌最好的温床，所以如果你很久不换，容易滋生细菌；而在来月经的时期，是身体抵抗力降低的时候，所以，更容易受细菌的侵害。

换卫生巾的频率以你的月经量来定。量多的日子，每天更换三至五次，也就是约四至五小时更换一次，应该是适当的。原则上不必等到卫生巾全部润湿才予以更换。月经量较多的女孩，可能更换的频率需要增加。夜间就寝时段，可以使用“夜间加强型”卫生巾，以防渗漏。不过，每个人都有不同的需求，所以，依据个人的习惯才是最好的方式。

如果觉得在学校不方便，可以将卫生巾放在一个小袋子里，或者在快下课的时候将卫生巾放入裤兜。即使大大方方地拿出来，也没什么不好意思的。当然，很多女孩都年纪不大，避讳一下也是无可厚非的，一般女生可以两节课换一次，后几天三节课换一次。

四、用了卫生巾，阴部为什么会出现瘙痒

第一，青春期女孩外阴瘙痒主要是因为没有及时地更换卫生巾；

第二，身体的清洗没有做好，或者是天气热时内裤透气性不好；

第三，还有一种可能，就是卫生巾的保存不当导致的；

第四，卫生巾的材质不适合自己的皮肤，以致产生过敏等情况。

青春期的女孩要注意经期卫生，保持外阴清洁干燥。切忌搔抓、热水洗烫和使用肥皂。有感染时，可使用高锰酸钾溶液坐浴；内裤要透气、宽适，忌酒及辛辣或过敏食物，并且要把卫生巾放在通风干燥的地方；在使用卫生巾前，要注意卫生巾的清洁，还要选用适合自己的卫生巾。

五、尽量不选用卫生栓

其实，在使用时需要将卫生栓塞进阴道，这对于许多女孩来讲较难操作，而且如果手法不对，放入的位置不对都有可能给阴道造成轻微擦伤。而且，如果卫生栓使用不当，还会引起生殖器官感染，如子宫内膜炎等。所以，青春期女孩最好不要使用卫生栓。即便必须使用，也应注意：

1.尽量不使用内置式卫生栓。如果必须使用，则需要3~4小时更换1次。

2.一旦卫生栓受到污染，立即丢弃。

3.不要在月经量少的日子使用。

4.注意使用前仔细清洗双手，以免细菌入侵。

为什么会有“女大十八变”的说法

方媛被同学们称为班上的“班花”，但最近在女同学中传出一个消息：方媛做过整容手术。这个消息轰动了整个校园，放学后，妞妞来到好朋友小荷家，两人开始“八卦”起来。

“你说，方媛真整过容吗？”妞妞问。

“不知道，我小学的时候，也和她同班，她那时候是有点丑，头发黄黄的，皮肤也很黑，还特别矮呢！不过人还蛮好，经常借东西给我。”

“那肯定整过，你看她现在多好看，她要是长大了参加海选，一准能成大明星呢！”

“我想也是。”小荷应和着。

这时候，妞妞妈妈来喊妞妞回家，刚好听到这一段话，就对她们说：“有人说，女孩小时候长得好看，长大就不好看；相反，小时候不好看，长大就好看了。这没有什么科学根据，但是，女大十八变，越变越好看，这是肯定的。那个方媛的妈妈和我是一个单位的，方媛经常来单位玩，是我看着长大的，可没做过什么整容手术。以后可别在同学背后议论人，知道了吗？”

“哦，这样啊？”

处于10~18岁的女性正在或者已经步入人生的一个崭新阶段：青春期。青春期女孩的身体会出现很大的变化，就是人们常说的“女大十八变”。女孩的性成熟一般比男孩早两年。青春发育的开始有早有晚，可以早到8岁，也可以晚至14岁，整个过程通常在两到六年内完成。女孩的身体从10~11岁开始明显地不断长高，一直要持续到15~16岁才停止。从10~11岁开始，乳房开始发育。女孩的乳房开始发育可以早到8岁，也可以晚至14~15岁。一侧乳房也许会比另一侧发育得早。与乳房发育差不多同时，耻部的阴毛开始长出。腋毛和腿毛的出现一般比阴毛要晚1~2年。毛色，多少和毛的分布因人而异，差别很大。

脑垂体分泌的生长激素、肾上腺与卵巢分泌的性激素、甲状腺分泌的甲状腺激素等，都对骨骼的发育成熟和身高的增长具有独特而又相互配合的作用。这些内分泌激素综合协调的结果，赋予了少女一副匀称的身材。

乳房、子宫、阴部的发育，骨盆软骨细胞的增殖、入口增宽、臀部变大，体内脂肪细胞增殖，皮下脂肪堆积等都是女性激素的作用。

女性体内也有少量的男性激素，主要来自肾上腺，少部分由卵巢分泌，它促进着腋毛、阴毛生长，阴部发育。脑垂体的活动还要受下丘脑与靶腺器官的影响。当然，脑垂体激素及靶腺激素的水平也反过来影响着下丘脑和垂体的分泌功能。下丘脑—垂体—靶腺（主要是卵巢）构成了青春期“十八变”的控制轴系，它们相互依赖、相互制约，使得女孩血中激素浓度保持相对稳定，恰当地满足“女大十八变”对激素的需要。

现在，青春期的女孩们，你大概已知道为什么女孩会“女大十八变，越变越漂亮”了。

第02章

女孩别着急，青春期也可以很美丽

女孩天生爱美，处于成长期的青春期女孩更是，然而，外貌上的一些问题常常困扰着女孩，如青春痘、雀斑等一系列问题。其实，青春期是美好的，青春期的女孩本身就很有魅力，你们要尊重青春期身体发育的一些规律，对于青春期出现的一些面子问题，也不要心急，过了青春期，有些问题就会自动消失。并且，真正的美来自于内在，腹有诗书气自华，对于女孩来说，丰盈自己的头脑才是此时应该关注的焦点。

痘痘是青春期的正常产物

杨娟是个非常开朗的女孩。进入青春期之后，她的面部也和很多女孩一样，似乎一夜之间就冒出了“小痘痘”。刚开始的时候，杨娟非常苦恼，她四处寻找偏方，想把痘痘赶走。然而，她试过了很多办法，都没有用。无奈之下，她只得去了医院，咨询皮肤科医生。医生仔细查看了杨娟的面部情况，又详细询问了杨娟胸部和背部情况。知道杨娟胸部和背部都没有痘痘之后，医生笑着说：“丫头，在所有长痘痘的人群里，你的痘痘已经是最少的了。很多人胸部和背部都有痘痘，你只有面部有。而且，你面部的痘痘并不多，只有零零星星的几个，也不红肿。我建议你不要管它们，你只管吃好喝好，注意清洁面部，不要吃辛辣刺激的，就好。如果你每天都因为痘痘烦恼，心神不宁，反而更容易导致情绪波动，引起痘痘疯长。难道你没发现吗，情绪的波动也会影响痘痘的！”听了医生的话之后，杨娟再也不把痘痘放在心上了。

她每天都快快乐乐地读书学习，和同学们嬉笑打闹。渐渐地，痘痘居然越来越少。虽然有零星的几个，但是丝毫不影响她的心情。她还每天都用温水洗脸，清洁自己的皮肤。看到快乐的杨娟，班级里的很多女孩都向她讨教秘诀呢！

痘痘是青春期的正常产物，女孩们，你们也要向杨娟学习，学会与痘痘和谐共生。很多时候，痘痘之所以惹人烦恼，就是因为你们太过于在乎它了。假如你能学会忘记它们，正常地生活和学习，也许它反而自觉没趣了呢！痘痘的大撤退，就在你的好心情之中噢！

“痘痘”，又叫痤疮，属于一种慢性炎症性皮肤病，常见于青少年。很多女孩都会发现，自从进入小学高年级或者初中，脸上就开始不断地涌现出一些又红又肿的疙瘩。这些疙瘩里面往往有堵塞毛囊的脏东西，严重的时候，还会引起面部大面积的红肿。为什么会这样呢？这是因为青春期的少男少女们体内雄激素比较高，刺激了皮脂腺的发育，最终使其分泌出很多的皮质。当我们的毛囊皮脂腺导管角化异常时，皮脂就不能顺利从毛囊中排出来，最终形成角质栓，也就是轻微的粉刺。当毛囊中的诸多微生物飞快繁殖，导致炎症加重的时候，就形成了痤疮，也就是我们平时所说的“小痘痘”。众所周知，青春期的女孩子正处于最爱美的年纪。如果饱受小痘痘的困扰，她们就会变得非常焦虑，甚至自卑。在初中校园里，常常听到女孩们互相传授“战痘”经验。然而，不管如何调理，痘痘总是时不时地冒出来，就如野草般，“野火烧不尽，春风吹又生”。

其实，小痘痘也是青春期的一道风景线。有些女孩在青春期的时候常常因为痘痘烦恼，等到青春期过去了，却又无比怀念长痘的年纪。既然如此，我们不如和痘痘和谐共生。要知道，痘痘是非常敏感的。细心的女孩们会发现，痘痘常常会随着我们情绪的波动而出现异常的反应。诸如，在每个月的那几天，痘痘们会长得特别凶；在压力大、情绪焦虑的时候，痘痘也会更加踊跃地从我们的脸上、胸部、后背上冒出来。从这个角度来说，如果我们能够心平气和地接纳痘痘，痘痘也许就不会那么欺负我们啦！女孩们也会发现，有些青春期少女是不会长痘痘的，不管什么时候，她们也不会油光满面，更不会出现痘痘此起彼伏、惨不忍睹的情况。其实，这是因为她们是干性或者中性皮肤。通常情况下，痘痘更多发于油性肤质的女孩。既然如此，我们就可以采取合理的方式，中和自己的皮肤，疏通毛囊，将皮脂分泌物及时清除掉。如此一来，痘痘自然会少很多。其实，长痘痘也不必心急，毕竟只有年轻的女孩才会长痘痘啊，至少说明你们还很年轻呢！只要正确护理，痘痘在过了青春期之后通常都能痊愈。

为了清除多余油脂，女孩们可以每天用温水清洗面部两次。对于痘痘，心急的女孩们常常会忍不住用手去挤压，以为只要把里面的分泌物挤出来，痘痘就会愈合。实际上，挤压痘痘的时候会对皮肤造成伤害，而且手部是有细菌的，容易引起感染。需要注意的是，长痘痘的女孩们要特别留心给自己挑选合适的护肤品，不要使用油脂类等容易堵塞毛孔的护肤品，也

不要使用刺激皮肤的护肤品。在饮食方面，要以清淡为主，不要吃辛辣刺激的食物。当然，如果痘痘非常严重，已经影响到你的正常生活，必要的时候是可以口服抗生素的。否则，一旦引起面部发炎感染，就会留下伤疤。

退一步来说，即使痘痘没有好转——十年之后，当你翻看自己满脸痘痘的照片时，你会不会因为自己曾经为了痘痘烦恼不已而觉得好笑呢？痘痘，是青春的纪念品，是曾经美好的回忆。如此想来，你就不会那么厌烦痘痘啦！

青春期不要痘痘要美丽

青春痘又叫痤疮、暗疮或粉刺，是由于毛囊和皮脂腺阻塞、发炎所引发的一种皮肤病。青春期时，人身体内部的荷尔蒙刺激毛发生长，促进皮脂腺分泌更多油脂。毛发和皮脂腺因此堆积许多物质，使油脂和细菌附着，乃至引发皮肤红肿反应。

青春期的孩子常见这种症状，所以才称它为青春痘。青春痘主要发生在皮肤的毛囊皮脂腺，皮脂腺通过皮肤的导管进入皮肤，堵塞了管腔，导致皮肤不能透气，形成脂栓。当这个不能被皮脂腺自然排出的脂栓长时间地堵塞毛囊，就会对毛囊附近的皮肤造成损伤，再加上体内激素的分泌和机体的刺激，就会形成红肿状的青春痘。

起青春痘的原因是比较多的，而且复杂得很。如遗传因素、环境、化妆品、精神紧张等都是起青春痘的原因。青春痘是严重困扰青少年尤其是青春期女孩的一种皮肤病，但是现在发现一个现象，有很多人已经过了青春期，但还是长着满脸的青春痘。那么起青春痘的原因到底是什么呢？普通的认识是：青春期的结束并不代表青春痘也会跟着结束，青春痘的产生有许多复杂的因素。总结有以下几点：

1.遗传因素、激素分泌引起皮脂腺变大，进而产生过多的油脂分泌，引起青春痘。

2.环境因素也在其中起一定作用，同时，有些化妆品或护肤品会阻塞毛孔，引起青春痘。

3.精神紧张、学习压力可能也是一个因素。

那么，青春期女孩怎样去除青春痘？

一般来说，长青春痘都是由内分泌失调引起的，两腮上长痘可能是由于饮食不规律，肠胃失和以及学习压力过大、水土不服等原因所致；此外，如果是油性皮肤，就更容易长痘痘了。

长了痘痘，女孩也不必要难过，只要采用正确的方法，是可以缓解这种状况的。

首先，要注意清洁卫生，洗脸的毛巾要和洗澡的分开用，用一些比较柔和的洗面奶，不要用泡沫型的，这种对皮肤刺激比较大！

其次，要有良好的饮食习惯，不要吃过于油腻和辛辣刺激的食物，生冷的食物也尽量少吃，这样，就可以达到控油的目的。

最后，要养成良好的作息习惯，喜欢熬夜的女孩脸上长青春痘痘的概率比一般女孩要大很多。

女孩不必担心脸上的痘痘，随着年龄的增长和发育的成熟，痘痘一般是会慢慢消失的！

可能一些女孩还会问，青春痘的疤痕可以治好吗？

痘印和痘疤是很多有痘痘的青春期女孩心头永远的痛。虽然脸上的青春痘通过一段时期的治疗已经痊愈了，但是由于太晚就医或是之前痘痘长得太厉害，脸上本来长痘痘的地方留下了一大堆颜色深浅不一、黑黑红红的痕迹，严重的甚至会有坑坑洼洼的疤痕，这就是我们俗称的“痘疤”。

痘疤是由感染发炎或外力挤压所形成，往往是因为在青春痘发作时没有得到及时适当的治疗，皮肤细胞的发炎反应造成了对皮肤组织的破坏，导致了疤痕的产生。由于青春痘的种类各式各样，所以青春痘疤的形式也有好多种，而青春痘发作时的发炎反应越严重，皮肤组织也被破坏得越厉害；发炎的部位越深，皮肤组织也被破坏得越深，将来可能留下的痘疤也就越严重。

那对于已经存在的痘疤，有什么办法可以去除呢？

痘疤主要可以分为色斑（即痘印）及疤痕（凹陷或凸起）两种。其中色斑又分为红色及黑色色斑。

红色斑的形成，是因为原本长痘痘处细胞发炎引起血管扩张，而痘痘消下去后血管并不会马上缩下去，于是形成了一个一个平平红红的暂时性红斑。它会在皮肤温度上升或运动时更红，这种红斑并不算是疤痕，会在四到六个月内渐渐退去。

而黑色斑则是起于痘痘发炎后的色素沉淀，使长过红痘痘的地方留下黑黑脏脏的颜色，使皮肤暗沉。这些黑颜色会随时间慢慢自行消失，心急的人可以涂抹一些可褪黑色素的药膏或是接受果酸换肤、维他命C导入。

这一类的色斑和色素沉淀时间一久就会自然消失，所以一般都是暂时性的假性疤痕，并不是真正的疤痕。当然，红斑及黑色素沉淀的消失需要一定的时间，否则，该收缩的血管没收缩，红还是不会退；该被细胞运走的色素没运走，黑色素也没办法消失。

小小雀斑，其实很可爱

小雨今年上初三，一到下课，女孩子们就围在一起，谈论一些青春期的话题，其中就有如何去除雀斑。而小雨却没有，她只喜欢看美剧，每当看到女孩脸上长着雀斑的时候，她甚至会觉得很亲切。她从未因为雀斑就觉得那些西方女孩不美丽；相反，那些可爱的雀斑，使她非常喜欢那些小演员。

也正因为如此，小雨从不为自己的雀斑苦恼。其他几个女孩的面部经常因为她们病急乱投医而状况百出，有个女孩还严重过敏，满脸通红，又肿又痒。面对这样的状况，小雨安慰她说："娜娜，你就别折腾了。有雀斑就有雀斑吧，你看起来就像我喜欢的那个美国小演员。她很漂亮，因为雀斑，又显得非常可爱。我觉得很好啊，一点儿都没有影响她的美丽。你知道吗，你之所以常常因为雀斑感到烦恼，就是因为你没有很好地接纳雀斑。一旦你把它视为自己的好朋友，就不会那么无法容忍它啦！"娜娜痛苦地说："小雨，过敏的感觉太难受了。如果能够选择，我一定不抹乱七八糟的药膏，我宁愿长雀斑。"在小雨的劝说下，娜娜再也不胡乱抹药膏了。她也和小雨一样，因为不在乎雀斑、真正从内心接受了雀斑，反而变得快乐了。对于花季少女来说，快乐就如阳光一般倾泻在她们的身上，让她们整个心灵都沐浴着阳光。如此一来，怎么会不美丽呢！

每个女孩都希望自己越来越美丽，对于美丽，所有年龄段的女性都有着近乎狂热的执着和追求。然而，美丽并不是完美。美丽和完美不同，美丽是真实的，完美是虚幻的。有人曾说，这个世界上没有绝对的完美，所以完美只存在于虚幻之中。美丽则不同，我们对于美丽往往是仁者见仁，智者见智。因此，女孩们，千万不要为了追求美丽伤害自己，要知道，雀斑是你美丽的点缀，它使你们不但美丽，而且可爱。

除了身材，女孩们最重视和在乎的就是自己的脸蛋。一张漂亮的脸蛋，就像是一张印制精美的名片，给女孩们增色不少。的确，很多人看人的时候都注重第一印象。所以，女孩们爱美，不仅是为了自己的回头率，也是为了给别人留下好印象。青春期的女孩子们，除了饱受痘痘的困扰之外，也常常会因为雀斑徒增烦恼。很多女孩的双颊、鼻梁两侧，都会长出很多淡淡的雀斑。人们常说，一白遮三丑。显然，这句话对于长雀斑的女孩是不适用的。毕竟，雀斑女孩的脸庞没有那么白皙。可是，所有的女孩都很白皙吗？当然不是。所以，雀斑女孩也有属于自己的美丽。很多喜欢看西方影视剧的女孩都会留意到，西方女孩大多数都有雀斑。她们是白种人，皮肤非常白皙，所以雀斑也特别明显。然而，她们可不像我们这样因为雀斑那么烦恼，相反，她们顺其自然地对待自己的雀斑，觉得雀斑仿佛就应该是她们身体的一部分。也正因为如此，她们从来不觉得自卑，而是坦然地对待自己的雀斑。我们常说自信的女孩最美丽，而自己却往往不能真正做到自信。西方女孩则不同，即使面部的雀斑很严重，她们也依然很自信。

其实，雀斑并非不能治疗。现代医学技术非常发达，对付小小的雀斑，还是绰绰有余的。女孩们需要做的是，千万不要盲目听信所谓的偏方，也不要找江湖游医为自己治病，毕竟，脸面对于每个人都是很重要的。万一治疗不当，非但雀斑没有消除，反而损害身体健康，那就得不偿失了。首先，我们要弄明白雀斑的发生原理。雀斑，是常染色体的显性遗传，是家族遗传的产物。虽然雀斑是遗传性的，但是，只要加以正确护理，就能够明显减轻。如今，女孩子们的化妆品数不胜数，正确的护理，再加上化妆品的遮瑕作用，慢慢地，就能使雀斑变得若有若无啦！科学家研究发现，雀斑在日晒的情况下更加明显，所以有雀斑的人往往在夏天症状更严重。由此看来，雀斑女孩们在夏天一定要做好防晒工作，不要让皮肤暴露在强烈的阳光下。等到冬天到来，雀斑的症状就会明显减轻。如果雀斑的颜色的确比较深，影响到了美观，可以采取脱色治疗。经过一段时间的脱色治疗后，雀斑的颜色会明显变浅。此前，还有人用腐蚀或者破坏性治疗的方法治疗雀斑，企图根治。殊不知，这种方法会对皮肤造成很大的伤害，严重者还会留下疤痕。也由于治疗过程十分痛苦，患者难以承受，所以此种治疗方法没有得到推广。如今，随着现代化科学技术的发展，激光的应用越来越广泛。激光疗法，对于治疗雀斑有很好的疗效，而且能把对皮肤的损害降至最低，因此应用非常广泛。需要注意的是，青春期少女们正值身体的生长发育阶段，最好不好盲目地治疗雀斑。现阶段的女孩们，应该以提升自己的心灵美为重，不要过分注重外表。女孩们只要能够把现阶段的学习任务好好完成，等到参加工作之后，随着经济条件的好转，一定会找到更加完美的治疗雀斑的办法。换言之，即使面部有些零星的雀斑，也并不影响女孩们的美丽。对于青春期的女孩来说，真正的美丽，是健康，是活泼，是可爱，是执着的进步。

我不想做眼镜女

“考完试，上哪儿治近视？”常年戴着“啤酒瓶底”似的眼镜的同桌对莉莉说，“高考结束了，也应该给自己的眼睛松松绑了，我不想做‘眼镜姑娘’！”

眼镜是心灵的窗户，每个女孩都希望自己有一双明亮透彻的眼睛，都害怕自己那张赋有青春气息的脸被一副眼镜遮上。那么，近视究竟是怎么产生的呢？主要有三个方面的原因：不科学饮食、屈光不正和遗传因素。

第一，大量研究证明，近视与饮食之间存在着相当密切的关系。预防近视，一定要注意饮食调节，否则收效甚微。其次，少吃富含糖及碳水化合物的食品或烧煮过度的蛋白类食物，会减少近视的发生。

第二，近视是屈光不正的一种。近视的形成主要有内因和外因两种。内因指的是近视的遗传性。外因主要包括工作环境和身体素质两方面。

基于遗传因素，我们可以发现，近视眼的发生，城市比农村多，精工行业比一般行业多，尤其在学生和知识分子当中，近视的发病率更高。

还有，一些女孩因为上课、做作业时的坐姿不正或是光线暗淡，也可能引起近视。

青少年的眼睛正处于快速发育阶段， 眼内各器官都很稚嫩， 在漫长的学习生涯中，如果不养成良好的用眼卫生习惯、不及时有效消除视力疲劳，近视就很容易发生。针对近视产生的原因，为了更进一步预防近视，有以下几条建议：

一、注意用眼卫生，尽量避免外界的伤害

1.光线强度要适中，读书写字时候，光线不宜太强或太弱。建议使用台灯照明时用40W白炽灯泡，台灯应放在左前方一尺左右距离；室内照明40W日光灯应距离桌面1.4米；

2.看电视应有节制，眼距离电视机对角线6倍以外观看，一般看40分钟休息10分钟；少玩电子游戏、电脑等。

二、科学用眼

1.读书写字注意三个“一”：眼离书本一尺，胸离桌子一拳，手离笔尖一寸；

2.走路或乘车时不要看书，不要躺着或趴着看书；

3.劳逸结合， 用眼时间不要过长， 应每隔40分钟左右休息10分钟。

三、加强运动，加强体质

1.眼睛和身体其他部位一样，也需要运动。尤其是学习任务重的青春期女孩，因长时间近距离用眼，为消除视疲劳，应经常性望远，须多参加体育活动，增强体质；

2.每天坚持做眼保健操，以缓解眼疲劳，消除、调节紧张，恢复眼调节机能，预防近视发生。

四、补充营养，合理饮食

1.少吃零食。零食中大多加有防腐剂、色素等添加剂，食用过量百害无一益。

2.少吃甜食和辛辣食物，糖分摄入过多在体内血液环境中呈酸性，易造成血钙减少，影响眼球壁的坚韧性，促使眼轴伸长，导致近视眼的加深。

3.避免偏食。偏食是诱发青少年视觉功能障碍的主要原因之一。

4.多吃水果、蔬菜、豆类、动物肝脏等，合理地获得天然糖分、微量元素和维生素。

另外，要坚持近视矫正的原则：晚治不如早治，治疗不如预防。拥有一双美丽的眼睛，青春期的风景，你会看得更清楚！

女孩也会长胡子吗

小硕和莉莉同岁，最近，一直爱美的小硕发现自己嘴角居然和班上某些男生一样长了一些小胡子。以前她还一直嘲笑别人，现在自己居然也长了。为什么女生也会长呢，是不是自己不正常啊？她甚至发现，周围那些同学已经开始在自己背后指指点点了。她很苦恼，偷偷地告诉莉莉说，她想让母亲带她去医院做脱毛手术。

小硕的这种情况属于青春期女孩的雄激素分泌失调症状，乃至长出一层黑茸茸的胡子；也可能是遗传因素造成，比如，母亲相对来说毛囊生长也比较旺盛。

生活中，我们有时也可以看见某些女性毛发生长好像比正常人旺盛，少数女性在上唇、颊旁和下颌等处长有胡须，甚至粗黑如男子，在影响美观的同时，也给这些女性带来很大的苦恼和精神负担，有的为此羞于见人。这是怎么回事呢？要搞清这个问题，首先要了解毛发的生长调节机制。

毛发的生长受神经、内分泌系统的控制及调节，其中内分泌雄性激素代谢对其影响最为明显。雄激素有刺激毛发细胞生长的作用。睾丸酮能促使躯干、四肢、须部、腋窝及阴毛的生长，有些女孩子采用睾丸酮局部注射使阴毛或腋毛重生就是这个道理。也有一些孕妇，在妊娠期面部多毛，也是因为雄激素代谢异常，一般到产后6个月消失。部分绝经期后女性长胡须也属于生理性改变。

另外，一些病理性原因也可导致女性长胡须，如糖尿病。女性长胡须主要见于糖尿病综合征及双侧性多囊性卵巢综合征。女性长须糖尿病综合征见于更年期女性，其主要临床表现为女性生须、全身性多毛、显著肥胖，常伴有糖尿病及高血压，但除了多毛，无其他男性特征的表现。本病主要是由脑垂体肿瘤或肾上腺皮质肿瘤致雄激素水平增高所引起的。双侧性多囊性卵巢综合征起始于青春期，开始月经正常，以后逐渐地月经减少，最后无月经，性欲减退或消失、不育、面部及躯干多毛，可伴有肥胖或乳腺发育延迟、双侧卵巢对称性增大。

女性长须既有生理性改变，也有病理性改变。一旦发生，患者应及时前往医院就医，查明长须的根本原因，对应治疗。切不可擅自乱剃乱拔胡须，以免加重及耽误病情。

其实，目前来讲，去除唇上的汗毛有几种方法可以考虑，但不能自行处理，以免产生一些危险。

1.如果追求短期效果，可以考虑脱毛膏、蜜蜡、贴布等方法，这些方法都可用来对付那些柔软细小的汗毛，可以将大面积的毛发快速清除。尤其像贴布脱毛，轻巧、方便、持久。但是这种方法的缺点就是对肌肤比较刺激，如果你的肌肤容易过敏，或者用得太过频繁，会造成红肿过敏，那样的话，多毛的上唇会更难看了。

2.比较理想的脱毛方法是激光脱毛，它速度快、痛苦小、安全。激光能同时去除一片毛发，造成皮肤灼伤后留下疤痕的风险极小；经过几个月后，即使再长出毛发，数量也会明显地减少。

激光除毛，部分毛发还是有可能再生，效果因人而异。有的人6个月后就长出毛发，但也有的人一直要到2年后才会再生。激光脱毛不是十全十美，因为它最适合肤色浅毛发深的人，治疗范围锁定在“深色色素”，如果你的肤深，激光就会一并破坏皮肤色素而造成白斑或黑斑，之后往往需要几个月的时间才能逐渐复原。

实际上，女孩你要切记，长点小胡子很正常，不必大惊小怪，也不必自卑，完全不用浪费过多的精力在意它。当然，在家长的允许和监护下，去除小胡子也未尝不可。

年纪轻轻为什么就有白头发了

“莉莉，你看，我又给你扯出了一根白头发。你是不是要老了？你以前头发可是又黑又光的！”

“关你什么事？”莉莉对同桌喜欢扯自己白头发这个“嗜好”很反感。她很不喜欢被人扯白头发，可是不知道为什么，自己的确有不少白发隐藏在黑发之中。

莉莉就是中国人称的典型的“少白头”，所谓的“少白头”，是指青少年时头发过早变白。生理常识告诉我们，一般情况下，人逐步衰老，最明显的一个特征便是头发的变化，头发会由黑变成花白（有黑有白），再由花白变成全白。这是人体逐渐衰老，发根部位的毛乳头如同身体其他各部的器官一样，功能逐渐减弱，黑色素生产越来越少，以至全无而形成的自然变化现象。

那么，“少年白发”形成的因素是什么呢，至今在医学上尚无一个令人满意的确切答案。据研究，可能与下列因素有关：

一、营养状况

毛发也是身体的一部分，同样也需要供应所需的营养。中国人的头发一般是呈黑褐色的，如果饮食中长期缺乏铜、钴、铁这些无机盐，自然会影响黑色素的合成，使头发由黑变白。另外，医学临床观察证明，如果身体长期缺乏蛋白质、植物油、维生素B_1、维生素B_2、维生素B_6，也会导致头发由黑变白。

二、精神因素

头发是一个人心情的写照，心情好，身心愉悦，可延缓衰老；相反，如果一个人长期抑郁寡欢，心境不佳或精神高度紧张、操劳过度，均可使头发由黑变白。

三、疾病、药物和遗传

疾病、药物和遗传也是致使头发由黑变白的因素。脑垂体功能下降、甲状腺机能亢进等内分泌紊乱，结核、伤寒、恶性贫血等消耗性病症，植物神经功能障碍等，均是已发现的与头发由黑变白有关的疾病。

治疗少白头，中医的治疗方法是补肝血、补肾气，主要是通过饮食来治疗。

1.多摄入含高蛋白和微量元素的食物。因为，一般情况下，营养不良和蛋白质缺乏是导致少年白发的重要原因之一。

饮食中缺乏微量元素铜、钴、铁等也可导致白发。缺乏维生素B_1、B_2、B_6也是造成少白头的一个重要原因。应增加这类食物的摄入，如谷类、豆类、干果类、动物肝心肾、奶类、蛋类和带叶蔬菜等。

2.多摄入一些有助于黑色素形成的食物。比如，谷类、豆类、干果类、动物肝心肾、奶类、蛋类和叶蔬菜等。

还要注意多摄入富含酪氨酸的食物。黑色素的形成，主要依靠酪氨酸酶氧化酪氨酸。也就是说，黑色素形成的基础是酪氨酸，酪氨酸缺乏也会造成少白头。因此，应多摄入含酪氨酸丰富的食物，如鸡肉、瘦牛肉、兔肉、瘦猪肉、鱼及硬果类食物等。

3.此外，经常吃一些有益于养发乌发的食物，增加合成黑色素的原料。

中医认为“发为血之余”，“肾主骨，其滑在发”，主张多吃养血补肾的食品以乌发润发，这也是为什么很多洗发水都以何首乌为原材料。

预防少年白发，最重要的是消除诱发白发的客观因素，然后找出问题的症结所在，再对症下药。青春期女孩，即便生了几根白发，也不必过于紧张，这也是人身体本身的代谢过程，不过，女孩仍须注意，平时不可过于劳累、紧张；要心胸宽广，情绪乐观，保持良好的心境；科学配餐，多吃粗食、杂粮、干鲜果品及各类蔬菜，不挑食、偏食；养成坐卧有时、规律生活的良好习惯等。

白头发并不是老年人的专属，青春期女孩除了要注意饮食外，一定要注意调节自己的情绪，无论遇到什么事情，都要放宽心。

第03章

恼人的脸面问题，女孩如何面对你的不完美

伴随着青春期的到来，女孩身体的各个部位会产生一些变化，但并不是每个女孩都能发育得毫无瑕疵，比如，雀斑的产生，近视的出现，体毛的长成，身体肥胖等。这些虽然都不痛不痒，但影响人的外貌美，所以常引起青少年特别是少女的烦恼。其实，女孩不必在意，人无完人，外貌美也并非真正的美，真正的美丽来自心灵，用知识去充盈自己的内心才是让自己美丽的根本！

我怎么成了一个“小猿人”

慧慧是个白净漂亮的女孩，可是她从来不会把自己白嫩嫩的皮肤露出来，即使炎热的夏天也从不穿裙子，而是用长衣长裤将自己的胳膊和腿盖住。这是怎么回事呢？原来慧慧身上的毛发很浓密，看起来皮肤脏脏的，很丑，她为此很烦恼。

慧慧的这种情况，属于青春期女孩的多毛症，其实，这并不是什么病，也不是不正常，引起女性多毛症的原因主要有以下几种：

1.体内睾丸酮分泌过多，或是虽然体内雄激素分泌不多，但是毛囊层对雄激素的敏感性高，引起多毛。很多人认为女性不分泌雄激素，其实这是误解。因为正常女性也分泌少量雄激素，正和正常男性也会分泌雌激素一样，女性的这些激素50%来自卵泡和肾上腺皮质。

2.先天性肾上腺皮质增生症，主要是由于先天性酶的缺陷。严重的可使女性在出生时外阴阴蒂偏大，一般不太典型，长到十几岁时逐渐明显，可出现多毛、月经不调、生育能力差等。

3.肾上腺或卵巢长出能分泌雄激素的肿瘤。这种病可以发生在任何时期，病程发展较快，表现为乳房缩小、阴蒂大、不来月经。遇到这种情况应及时发现并及时手术。以上情况都属于器质性病变。

这些多毛症在年轻女孩子身上最常见，危害并不大，因此女孩不必担心。虽说影响面容，但不能不在家长的监护下自行做脱毛手术。即使做脱毛手术，也要在不影响皮肤正常发育的前提下进行。

有狐臭该怎么办

某天，莉莉回到家和妈妈说了学校里发生的一件事：她的同学波波人很好，学习也不错，可是同学都不喜欢亲近她，也不喜欢坐她的同桌，因为她身上有一股怪味道，很难闻。莉莉觉得波波很可怜，自己很想多和她交流，但是波波身上的味道让莉莉觉得实在难以接受！

波波的这种情况，一些和她同龄的女孩也是有的，很多人对此谈之色变，这其实就是“狐臭”。这让女孩们感到尴尬无比，也给很多青春期的女孩形成一种精神上的压力、不安及挫折感。其实，这是普通的生理现象，女孩也不必太在意。

狐臭是一种体臭，味道较重的话，容易令旁人感到不舒服。生活中，很多人对狐臭总闻之色变，令当事人尴尬无比。那么，狐臭的形成原因为何?

首先，我们得了解人的汗腺机制。汗腺有两种，一种是小汗腺，也就是外分泌汗腺，它们分布于全身，分泌99%的水分和0.5%的盐分。另一种是大汗腺，又叫顶浆腺，坐落于皮肤真皮层，开口于毛根部，主要分布在腋下、脐窝、肛门四周及生殖器等处，会分泌较浓稠之液体，含有油脂、蛋白质及铁分。这些分泌物再经由腋下的细菌分解后产生特殊的臭味，狐臭就是这么形成的。

狐臭大都发生于青春期，这是因为：青春期受情绪及荷尔蒙所影响，汗腺比较发达，大汗腺分泌物质相对于人体的其他时期都有所增加。

另外，狐臭会遗传，根据调查，双亲皆有狐臭的人会有80%会遗传到；若父母只有一方有狐臭，那么遗传的概率则为50%。

很多青春期女孩在发现自己有狐臭后，会感到不安甚至羞愧，严重的还会有挫折感，形成一种社交障碍，人格发展也受到影响。其实，女孩不必为此担忧，只要积极地处理，减轻汗腺的分泌，便可以缓解狐臭；也可以采取一些医学方法解决，比如，药物治疗、积极性治疗、电烧疗法、手术切除等。

其实，在生活中，女孩不妨采取一些自疗的方法：

1.保持皮肤干燥，狐臭发出气味的原因一般还是因为发病部位的潮湿和不卫生，因此，患狐臭的女孩要保持腋窝、乳房等部位的清洁。

2.对于发病部位，采取针对性的措施，比如，每天用肥皂水清洗几次，甚至将腋毛剃除，不让细菌有藏身之处。

3.戒烟酒，少吃强烈刺激的食物。

4.在治疗中，要保持心情开朗，且不宜做剧烈活动，剧烈运动会加大流汗量，加重病情。

这里，针对波波的这种情况，可以采取一些措施，减轻症状，相信他会逐渐被周围的同学和朋友接受的。青春期女孩在日常生活中要多注意卫生与健康，做个干干净净的女孩，减少疾病的发生！

身高的烦恼

周末的早上，菲菲和丽丽、阿芳一起出门逛街。

她们来到一个商场，菲菲突然想起来要买双鞋，因为身体在长，这脚也跟着长，不到个把月就要换双合脚的鞋。

菲菲看了一双米黄色的帆布鞋，可是丽丽说她要买内增高的，因为她个子不高。她今年14岁了，可身高还不到150厘米，和她同龄的女孩一般都长到160厘米了。站在她们中间，丽丽感觉自己像个侏儒，她很怕自己真是个长不高的“拇指姑娘”。因此，每次买鞋，她都会买这种鞋。

这时，菲菲说：“我们现在正处在身体的发育期，穿这种增高鞋，其实会影响骨骼发育，还会影响长高呢！我妈妈说，青春期身高不会定型的，叔叔阿姨都是大高个儿，你肯定也不矮啊，别担心。”

“是啊，我们现在还小呢，还没发育完全，说不定过段时间会猛长的，到时候，你高兴都来不及呢！”阿芳附和着。

丽丽听她们这么说，也轻松了许多，随即也买了双帆布鞋。

其实，丽丽不必担心，14岁的身体并未发育完整，完全还有再长高的希望；况且，身高并不是判定一个女孩美与丑的标准，小个子的女孩也别有一番小巧玲珑之美。

青春期的女孩长不高的原因有很多，如营养跟不上、生活不规律、学习压力过大等，当然，父母的遗传也是一个重要因素。

身材矮小的女孩不要因为害怕自己长不高而去采取一些急功近利的方法，如药物治疗等，这都是不正确的，增高是一个持续但不均匀的过程，不要盲目地追求快速的增高方法。吃增高药和一些所谓的保健品有可能导致青春期提前结束，反而使自己最终长不到理想的高度。俗话说“物极必反”，正是这个道理。

专家指出，增高的方法因人而异，而最科学的增高方法是运动和增加营养。营养是良好生长发育的前提；而运动可以促进生长激素的分泌，促进代谢，使青少年长得更高。

青春期的女孩要想长得高些，必须先知道人体长高的奥秘。

身高代表着头、脊柱、下肢长度的总和。人在身高的增长方面，增长最快的时期是婴儿期和青春期。婴儿期即从出生到1周岁，在这一年内，身高增长25厘米，约为出生时（50厘米）的50%，1岁时的总身长达到75厘米，这是人一生中长得最快的时期。到了青春期，生长发生突增，身高年增长率一般为3%~5%，年增值一般为5~7厘米，个别可达到10~12厘米，约几年后生长速度又减慢，女孩一般到20岁基本停止增长。

那么，人体又是怎样长高的呢？原来，人类的身高主要取决于长骨（如下肢的股骨、胫骨）的长度。长骨的生长，包括骨的纵向生长（即线生长）和骨的成熟两个方面：在人刚出生时，主要的长骨，如肱骨、股骨和胫骨的两端骺部，除股骨远端以外都是软骨，之后，在不同的年龄，骺部出现骨化中心，骨化中心逐步增大，骨组织就代替了软骨组织。但是，在骨干和骨骺之间仍有一段软骨，医学上叫骺板软骨，这段软骨细胞在生长发育期不断地纵向分裂、繁殖，生成新的软骨，与此同时，在靠近骨干的部位也在不断地进行着成骨过程。长骨就是这样一点一点地增长，人也就渐渐长高了，就好比芝麻开花节节高。但是，到了20~22岁，骺板软骨渐渐消失，骨骺闭合，骨的纵向生长停止，人也就不能再长高。

由此可见，长骨骺板软骨的生长是人类长高的基础，而且骺板软骨的生长又是在人体内生长激素、甲状腺激素等多种激素的协同作用下完成的。其中，促使软骨细胞分裂增殖的主要动力源是生长激素，它由人脑垂体分泌，促进软骨生长、骺板加宽，在人的身高增长中起着主导作用。

毋庸讳言，每个青春期女孩都希望自己有一个高挑的身材。那么，如何才能实现这个美丽的愿望？身体高度能不能增加呢？一般情况下，科学增高是可以达到的：

1.要有良好的饮食习惯，注意饮食健康，营养很重要，不可偏食，另外，也不能暴饮暴食。

青春期的女孩不要为了减肥而不吃早餐，这会影响生长发育。另外，要多吃富含蛋白的食物。尽量保证足够的牛奶，还要多吃果蔬。

2.保证睡眠，多休息，既要学习好，也要注意劳逸结合。

3.多了解一些身体发育的知识。多读读关于矮身材研究及与身高生长发育的书，读不懂可请教医生，增加知识，用科学指导自己行动。

4.多锻炼，坚持合理的运动，如打篮球。每天持续1~2小时适量体育运动，在一定时期内可使体内生长激素含量明显增加，随着血液中生长激素含量的增加，可令管状骨生长区更加活跃，从而增加身高。但女孩子还要注意的是，一定要注意安全，有些高强度的运动是不适合女性的。

5.保持身心健康。情绪稳定、无忧无虑有利于生长发育。

因此，青春期的女孩们，长得矮不要害怕，运用科学的方法是可以增高的。即使长不高，也无关紧要，要知道，小巧的女孩同样美丽，只要你有充盈的内在！

掉了好多头发怎么办

有天中午，小米洗完头，头上裹着个毛巾，喊妈妈给她吹头发，然后问妈妈，“妈妈，您买的洗发水是不是过期的呀？”

“你这孩子，怎么说这么莫名其妙的话，我怎么可能买过期的洗发水呢？对于你的健康，我是最在意的。”

“可是我发现，我最近洗头，老是掉头发，刚开始是一两根，现在越掉越多，照这么下去，我可真担心，我一头美丽的秀发会变成秃顶。”

“怎么会呢？”妈妈正说这句话的时候，突然发现，她用手一摸小米的头发，就会脱落几根，看样子，女儿掉发不是正常的青春期代谢。

“女儿呀，妈妈这几天带你去医院看看好不好？妈妈害怕你这头发掉得不正常，还是看看比较保险。”

当天晚上，妈妈就查了一些资料，看看到底是怎么回事。

大部分青春期女生都会掉头发，尤其是长发的女生。掉发有生理性及病理性之分。生理性脱发指头发正常地脱落。病理性脱发是指头发异常或过度地脱落，其原因很多。

头发与人的生命一样，有它自己的寿命，长到一定长度，寿命到头了，它自己就老死，自然会脱落下来，这是一种正常现象。属于这种情况的掉头发，任何人都有，而且是经常的，因此，对于这样的情况，青春期女孩完全不必担心，头发掉了，还会长出来。

而有些女孩大量地掉发，这可能就不正常了。不正常地掉头发，是因为头发的生长受到了影响，大部分与人的身体状况有关。因为，身体状况差的人，其头发也难以汲取正常需要的营养，毕竟营养是靠血液运送的，如果一个人长期多病，身体软弱，血气不足，身体营养很差，头发就会因缺少营养、生长不好而短命脱落。这样的人就容易掉头发，掉得也比较多。有人生过一场大病以后头发掉得稀稀拉拉的，可能就是这个原因。

另外，一些精神因素也会导致掉发，因为人体的一切活动都是属大脑管的，大脑受了刺激，活动乱了脚步，不能正常地发挥作用，势必要使身体的营养受到影响，出现掉头发的情况。比如，一些青春期的女孩子，用脑过度，或者经常心事重重、内心烦闷；或者遇到了什么事儿，精神过于紧张；再或者，大脑突然受到什么刺激，头发也会出现大面积脱落的现象。另外，有的人遇到过于激动的事，大脑受了强烈的刺激，精神很不正常，有时一夜之间头上的头发就脱掉一大片，人们说是“鬼剃头”，实际上就是这样形成的。

头发生长原本就有一个生长与衰老的周期，自然生理性的落发其实每天都在发生。但是也有一些掉发是病态性因素所导致。如果只是洗澡或者梳头的时候掉一点头发、比较正常，就是生理性脱发。如果是经常性地掉发，头发无缘无故地脱落或者掉的头发比较多，那可能是生理上的不调造成的；或者压力比较大，学习紧张，这些原因都会引起掉发；或者是饮食不当，作息时间不佳等也会引起脱发。

那么，面对生理性脱发，青春期女孩应该怎么做呢？

1.运用正确的洗头方法。不正确的洗发方法，会导致头部的血液循环不良，这也可能导致脱发。正确的洗发方法是洗头时水温不要超过40℃，与体温37℃接近。其次，是次数上，夏季可以每周3~7次，冬季可以每周1~3次，洗发精须使用弱酸性的洗发剂（勿用过量），把头发洗干净、润丝完后，再擦一点水，使毛根收缩。平常则须涂抹发乳或养发油在头皮上，予以按摩和刺激。

2.使用电吹风机时，要与头发保持20厘米的距离。

3.杜绝饮酒。饮酒会使头皮产生热气和湿气，乃至引起脱发，宜加节制。

4.多吃蔬菜与水果，可使代谢正常，大便通畅，从而防止便秘引起脱发

摄取过多的糖分及盐分或动物性脂肪，有害于血液的循环，头皮血液供应不正常，也会导致掉发。因此，青春期的女孩要喝生水或多吃蔬菜，多吃含有丰富铁质的食品，如瘦肉、鸡蛋、水果等食物，这些都是治疗脱发的最佳食物。

5.减少脑部的压力，保持良好的心情头发的生长状况如何，直接体现了一个人的心情；而反过来也是这样，心情压抑的程度越深，脱发的速度也越快。对于女性而言，保持适当的运动量，头发会光泽乌黑，充满生命力。

6.使用正确的洗发用品正确的洗发用品，指的是对皮肤和头发都无刺激作用的弱酸性洗发膏、精、剂等。

不要用脱脂性强或碱性洗发剂，因这类洗发剂的脱脂性和脱水性均很强，易使头发干燥、头皮坏死。因此，青春期女孩应选用对头皮和头发无刺激性的弱酸性天然洗发剂，或根据自己的发质选用。不用塑料梳子，最理想的是选用黄杨木梳和猪鬃头刷，既能去除头屑，又能按摩头皮，促进血液循环。

7.避免过多的损害。染发、烫发和吹风等都会对头发造成一定的损害；染发液、烫发液对头发的影响也较大，次数多了会使头发失去光泽和弹性，甚至变黄变枯；日光中的紫外线会

对头发造成损害，使头发干枯变黄；空调的暖湿风和冷风都可成为脱发和白发的原因，空气过于干燥或湿度过大对保护头发都不利。因此，青春期女孩，染发、烫发间隔时间至少3~6个月。夏季要避免日光的暴晒，游泳、日光浴时更要注意防护。

8.戴帽子要注意头部通风和透气。

9.充足的睡眠。充足的睡眠可以促进皮肤及毛发正常的新陈代谢，而代谢期主要在晚上，特别是晚上10时到凌晨2时之间，这一段时间睡眠充足，就可以使得毛发正常新陈代谢；反之，毛发的代谢及营养失去平衡，就会导致脱发。因此，尽量做到每天睡眠不少于6个小时，养成定时睡眠的习惯。

另外，掉头发的原因与营养有关，与精神紧张或突然的精神刺激也有很大关系，因此，平时不要经常处于精神紧张状态。另外，女孩不妨掌握一些防止脱发的小窍门，例如，掉头发的地方经常用生姜擦一擦，可促进头发生长；饮食营养要全面，适当多吃些硬壳类食物，适当吃些黑芝麻！

青春期女孩要知道自己的头发是不是掉得特别多，有一个很简单的“拉发实验”：可以轻拉自己的头发六到八次，然后看每次拉下来的头发有没有超过三根，如果有，就表示头发毛囊比较脆弱，应该多加注意。

根据小米的掉发情况来看，应该是学习压力和不良生活习惯造成的。青春期的女孩们，你们慢慢长大了，应该多注意自己的身体，学会照顾自己了！

可以剃除腋毛吗

小美一到夏天就喜欢穿裙子，长大后更爱穿裙子了，因为可以穿出淑女的味道。

有一天，一大早，小美就起床了，爸爸妈妈还在梦里呢，结果就听见小美喊："妈，我那件天蓝色的吊带裙呢？"

"什么吊带裙呀？你夏天的裙子我都放在你的橱子里。"

然后，小美开始翻箱倒柜，过了一会儿，小美又咚咚地进了妈妈的房间，在梳妆台上找了一会儿，又走了。

妈妈起床后走到卫生间门口，透着门缝看到小美正在用她的眉刀刮腋毛不由吓了一跳，进去对小美说："你干吗呢？小心刮伤了。"

"您刚才睡觉呢，就没打扰您，借一下啊！"小美若无其事地说。

"你这是要做什么呀？"

"今天莉莉要带我去参加一个聚会，好像还有很多国外的女孩呢，我肯定要比她们漂亮！但你看看，我这腋毛长得，平时吧，倒也无所谓，但我今天想穿那件天蓝色的吊带裙，这腋毛太影响我形象了，所以我就想刮了它，应该没什么问题的，还卫生呢！不然，它还藏污纳垢呢！”

“小美，你这刮一两次，倒没什么，但不能经常刮噢，另外，腋毛的作用大着呢，不会藏污纳垢。”

“它有什么作用，夏天一出汗，就长细菌了，哎！”

吊带裙、无袖衣是很多女孩夏天的必备装束，但一抬起胳膊，就会露出讨人厌的腋毛，让美丽大打折扣。因此不少女孩会频繁剃除腋毛。有人使用脱毛膏，有人用拔毛钳，有的人甚至去做脱毛手术。实际上，频繁剃除腋毛不但伤害皮肤，如果方法不当，还会引出一些不必要的麻烦。

因为腋下的皮肤组织较薄嫩、敏感，人体活动会牵拉腋窝周围皮肤，使其产生摩擦，而腋毛能有效缓解摩擦给皮肤带来的伤害。

每个青春期的女孩子都很爱美，但爱美必须在不伤害健康的基础上。现在市面上流行的脱毛产品中，脱毛膏里含有一些化学物质，往往会发出难闻的刺鼻气味，对毛囊和皮脂腺造成一定损伤。特别是一些持久性脱毛膏，对皮肤损伤更大，再加上腋下皮肤有夹缝，容易出汗，皮肤环境湿热，很容易造成细菌感染或发炎等症状。长期使用，药性成分会通过皮肤表皮及毛囊进入皮肤深层，破坏毛发正常的生长过程和周期，也会使毛发在重新生长修复的过程中更长更粗。如果是过敏性肤质，受到这种刺激还很容易引起瘙痒、红斑、丘疹等症状。

因此，青春期女孩应该用正确的态度看待腋下的毛毛，这是正常的生理现象，不要因为某些错误的观点而损害自己的健康。最好不要频繁剃除腋毛，如果一定要剃除，应先用剪刀将其剪短，再用剃刀仔细刮干净，但不要残留根状毛发，否则毛发会倒刺入肉内，刺伤皮肤。另外，感觉腋下有汗时，可以用湿纸巾擦拭，以保持腋下干爽。脱毛后，可以适当擦一些润肤霜，最好不要使用爽身粉等粉状物，以免堵塞毛孔，影响排汗 。

第 04 章

女孩别害羞，平静接受秘密花园的成熟

女孩到了青春发育期，随着身体的发育，她们的第二性征逐渐成熟起来，同时，她们也正面临一些烦恼，比如，阴毛、妇科问题等。青春期女孩，作为一个即将成熟的女人，你要将“妇科知识”装满全身，要与自己的身体友好相处，遇到问题时把痛苦指数降到最低，让自己天天有好心情，这才是最聪明的做法。

内裤上白色的东西是什么

有一天，大清早，悠悠就蹲在卫生间哗啦啦地开着水龙头洗东西，妈妈看到后，自叹不如，心想自己这个做妈妈的还没有女儿起得早。然后，妈妈走进卫生间准备刷牙，却被悠悠赶出来："等我洗完您再来刷牙。"

难道悠悠在洗内裤？好朋友来了？妈妈这么想着，转念又一想，不对呀，应该还有几天呢。妈妈很好奇，等女儿出来，妈妈追问："洗什么呢，女儿？"

"没什么！"

"肯定有什么，不然，你还关着门，连妈妈都瞒着。"

"那好吧，因为你是我妈妈，但你答应我不能跟别人说哦，我发誓，我没有做什么坏事。"看着女儿一脸认真的样子，妈妈点点头答应了悠悠。

"我发现我最近居然会流出一种白色的东西，也不知道这是什么。我感觉那白色的东西很脏，这到底是什么呀？没办法，我只好每天洗内裤，我是不是得了什么妇科病啊？"

月经的来临宣布女孩的成熟，但其实，白带和月经一样，也是女性一种正常的生理表现。随着年龄的增长和身体发育的成熟，随着卵巢功能的完善，阴道内会有一种乳白色或透明的液体流出，量有时略多，有时较少，有其规律性，这就是白带。

白带是由许多组织分泌的液体共同组成的，它包括尿道旁腺、前庭大腺、子宫颈腺体以及子宫内膜腺体分泌的黏液，还有阴道壁中毛细血管和淋巴管的渗出液。混合后的黏液中含有阴道上皮的脱落细胞及少量白细胞，即形成白带。

白带的分泌一般和女性体内的雌激素水平有关。一般月经期后白带量少。至排卵期前，由于体内雌激素水平升高，促使宫颈腺体的上皮细胞增生，宫颈黏液的分泌量增加，黏液中氯化钠含量增多，能吸收较多的水分，使排卵期时白带增多。

白带是女性成熟的一大标志，女孩不必对白带感到惶恐、紧张甚至认为是淫秽的东西。其实，白带有其独特的作用。

很多青春期的女孩对于一些妇科问题都是采取避而不谈的态度，如白带，她们认为有白带是秽物，谈之色变。其实，白带和月经一样，都是女性体内排出的一种代谢品，对于女性的新陈代谢有着无法替代的作用。

白带是女子阴道分泌的一种无气味、微酸性的黏稠液体。适量的白带属正常生理现象，其正常状态应状如半透明的鸡蛋清，具有湿润阴道、排泄废物、杀灭病菌的作用。具体说来，有以下几点。

一、润滑作用

白带是阴道的润滑剂，起到保护阴道壁的作用，由于骨盆底肌肉的作用，女性阴道口闭合，前后壁紧贴。而女性阴道内流出的白带中的水分使女性的阴道处于湿润状态，这种湿润环境能减少阴道前后壁之间的摩擦而带来的损伤。

二、自洁作用

这与白带的成分有关，白带中含有丰富的糖原，糖原在阴道乳酸杆菌的作用下，产生大量乳酸，使女性的阴道呈弱酸性，这对于抑制各类致病菌的生长起到很好的作用，这也是阴道天然的自洁原理。

三、验证排卵期

一般地说，白带最多、最稀薄、抗拉丝能力最强的一天往往就是排卵期。掌握好这一生理周期，对于女性的自身保护也有帮助作用。

四、生殖道健康的“镜子”

白带检查是妇科常规检查的重要一项，也是大多数女性去医院就诊的主要原因。其实，长期白带过少，阴道自我防御功能会减弱，女性容易感染阴道炎。

白带有诸多作用，所以，女孩应该用一种全新的态度去看待它。

正常的白带是什么样

周五的一天晚上，凡凡在丹丹家做完作业以后，两人一起去看偶像剧，过了会儿，丹丹妈妈也坐过来一起看。

看电视剧最怕的是插播广告，尤其是女性妇科病治疗广告。这时，凡凡问丹丹妈妈：“阿姨，叔叔今天晚上加班吧？”

“是啊，他加班，怎么了？”

“我在电视上经常看到什么‘白带异常’，我知道，就是女性身体出问题了，白带不正常。那具体什么是白带异常呢？正常的白带又是什么样子呢？要真是白带异常该怎么办呢？”

白带是女性的一种生理现象。白带是女性从阴道里流出来的一种带有黏性的白色液体，它是由前庭大腺、子宫颈腺体、子宫内膜的分泌物和阴道黏膜的渗出液，脱落的阴道上皮细胞混合而成。

青春期女孩出于羞怯，对身体发育的一些问题总是排斥，其实，大可不必，即如白带，尽可能多地了解一些关于白带的知识，能检测妇科正常与否。

健康的女孩，一般情况下，阴道是不会分泌什么异常物的。到了青春期，由于卵巢发育，开始分泌雌激素，便出现白带。白带的出现，预示着女孩即将正式迈入成年女性的行列，因为2~3年以后女孩便会月经来潮。同时，如果到了青春期不见白带，这是一种异常现象，应警惕处女膜闭锁或卵巢发育不良，应立即检查，及早治疗。

针对什么样的白带才属正常的问题，女孩应该了解：正常白带应是白色的，有时透明，有时黏稠，无异味。白带受雌激素影响，有周期性的变化，有时增多，有时减少。排卵期的白带透明、量多；而其他时间则量少、黏稠。青春期生殖器官发育旺盛，白带的生成也增多。此外，在天气炎热、从事体力活动以及性冲动时，这些液体分泌量也会增加，有时还可能外流。

有些女孩认为，白带异常就是有病，其实，并不是如此。

白带的作用之一是“生殖道的镜子”，青春期女孩的妇科正常与否，很多都可以从白带上看出来。

白带异常是女性内生殖器疾病的信号，应引起重视。白带异常可能仅仅为量的增多，也可能同时还有色、质和气味方面的改变。不同疾病引起的白带异常，其性状各不相同，常见的白带异常有以下几种：黄色或黄绿色伴有脓样、臭味的白带，多见于化脓性细菌引起的阴道炎、宫颈炎及子宫内膜炎。淋病球菌引起的感染还伴有小便疼痛。另外，阴道内异物也可导致出现白带异常。带有血液的白带常见于生殖器肿瘤、炎症及宫内放置节育器等。根据出血量和出血速度快慢不同，可使白带染成红色、棕色或黑色等不同颜色。乳白色泡沫状白带异常伴有外阴部瘙痒者，多为阴道滴虫感染所致。豆腐渣样或凝乳状白带异常伴有外阴部奇痒者，多见于阴道霉菌感染。如果平时白带无原因地增多，或伴有颜色、质地、气味的改变，就应该提高警惕，以免引起妇科疾病。常见的引起白带增多的原因有：

1.患霉菌性阴道炎时，白带色黄或白，多数质地黏稠，有时也可质地稀薄，典型的白带呈豆腐渣样或乳凝块状。

2.滴虫性阴道炎的白带为稀脓样，色黄，有泡沫，或如米泔水样，色灰白，白带味臭。

3.宫颈糜烂时白带一般色黄，质黏如脓涕，多无味；

4.淋病的白带则为黄脓样。

5.患子宫内膜炎等盆腔炎时，白带也会增多，色黄，质稀，多伴有腹痛。

6.患输卵管癌时，由于肿瘤刺激输卵管上皮渗液及病变组织坏死，会出现水样白带，绵绵不断。这些都属于白带异常。

7.白带颜色的改变也应引起注意。一般因炎症所引起者白带多色黄；赤带是指白带中夹有血丝或呈淡粉色，可能是由于宫颈炎、阴道炎、带环出血或宫颈癌等疾病所致。

白带异常不能绝对地说有妇科疾病，但也是女孩生殖道不健康的一个表现。对此，女孩应该引起重视，及时检查。

阴部痒痒的是怎么回事

洋洋最近也不知道怎么了，下身很痒。有一天，她想去找闺蜜妞妞问问，因为妞妞妈是个护士，谁知道，妞妞正在家里看电视，电视上，刚好在播放一些妇科疾病治疗的广告。妞妞对洋洋说：“我妈妈跟我说，青春期的女孩，千万不要做坏事，不然会得妇科病，也就是说，青春期女孩下身痒痒的，就是得妇科病了，肯定做了什么见不得人的事。”

洋洋一听，被吓到了，原本还打算告诉妞妞的，这下子，更不能说了，妞妞肯定以为我干了什么坏事呢！洋洋很痛苦，挠抓则不雅，不挠抓又十分烦恼。

妞妞看出洋洋最近有心事，洋洋只说自己不舒服。偏偏妞妞又是个打破砂锅问到底的人，在妞妞的逼问下，洋洋才说出了自己藏在心里的事。妞妞当然相信洋洋没做坏事，于是，她拉着洋洋来问妈妈：洋洋是怎么了？为什么阴部会痒痒的呢？

“其实，和洋洋有一样想法的青春期少女会误认为，只有已成熟的女性才会有妇科疾病，因而放松对私密处的保护。这是一种错误的观点，阴道是女性身体的脆弱之处，也是疾病多发地带，一定要注意健康和卫生，也别忽视做妇科检查。从私密处呵护自己，才能拥有健康的青春期！”听完这些，洋洋一颗悬着的心总算是放下了。

那么，阴部痒痒的是怎么回事?

可能很多青春期的女孩会因为阴部痒而坐立不安，但又羞于启齿。外阴瘙痒，虽无大碍，但也应该在家长陪同下及时治疗，不能因为羞于求医导致日久变成顽固性瘙痒，以致影响心理健康，甚至影响学习、生活。

外阴瘙痒常发生在阴道内、大阴唇外侧、阴阜、阴蒂和小阴唇、会阴等部位，并可扩散到肛门附近，是局限性瘙痒症的一种。

外阴瘙痒原因很多，归纳起来，引起本病的局部因素中最常见的有：

一、外界不良因素的刺激

当然，引起女孩外阴瘙痒的原因很多，但大多数情况都与卫生有关。造成阴部不卫生的原因主要有阴道分泌刺激物、汗液、穿着化纤内裤、阴部潮湿、使用不合格的月经带或毛糙的卫生纸；另外，外阴及阴道内用药引起过敏，以及经常用肥皂洗外阴或者使用不合适的沐浴露等均可导致外阴瘙痒。内裤太紧、内裤摩擦、月经带的刺激亦可引起瘙痒。外阴瘙痒常伴有肛门瘙痒，后者与外痔、长期大小便失禁、肛瘘、肛裂、肛门排泄物及粪便残迹的刺激有关。

二、外阴局部疾病

进入青春期后，女孩的阴部发育会发生一些变化，阴道上皮会增厚，并出现阴道皱襞，阴道内的内分泌物也由于富含乳酸杆菌而呈酸性反应，分泌量也增多，自然防御机能明显增强。

初潮后如果不注意月经期的阴部卫生，经血和阴道分泌物可污染和刺激外阴部而引起瘙痒，甚至发展为炎症，如外阴阴道炎或前庭大腺炎等。滴虫性外阴阴道炎的发病率在女性进入青春期后明显增多，这是因为雌激素所引起的阴道酸性环境是滴虫感染的先决条件，因此幼女中少见的滴虫感染到了青春期后便明显增多。少女感染滴虫主要通过公共浴池、浴盆、浴巾、坐便器、与患病亲属接触等间接途径。

另外，外阴局部疾病如淋病、霉菌性或滴虫性阴道炎、非淋病性尿道炎、疥疮、阴虱、癣、蛲虫病、接触性皮炎、黏膜白斑病、萎缩性角化苔癣、子宫颈炎等也会导致女性外阴瘙痒。

三、饮食因素

有些食物会导致外阴瘙痒，这些食物中缺乏铁、核黄素、维生素A、维生素E、脂肪等，使外阴皮肤干燥、脱屑、瘙痒。

四、精神因素

女性在异常精神状况下，如忧虑、忧郁、紧张、烦躁时，会自己认为外阴瘙痒，结果越抓越痒。

五、全身性疾病

一般引起阴部瘙痒的全身性疾病为糖尿病、贫血、白血病、红细胞增多症、皮肤病、肝胆疾病、肾脏疾病、淋巴瘤等。这些疾病一般也会引起全身性瘙痒。

以上都是可能导致外阴瘙痒的原因。青春期女孩还应该注意预防一些妇科疾病的发生，要了解和认识自己身体所产生的种种变化；坚持和养成良好的卫生习惯，如每天换内裤和清洗外阴，使用坐式便器前注意清洁或垫用卫生纸；注意公共场所的卫生，禁止性传染疾病患者和滴虫患者进入游泳池、公共浴池；如果发生外阴瘙痒症状，不要讳疾忌医，要及时诊治，千万不要自己乱用药或为庸医所骗，否则只会耽误病情。

秘密花园为什么会长“花草”

一次，放学后，盈盈气喘吁吁地冲进家门，然后对正在炒菜的妈妈说：“妈，大事不好了。”

盈盈一惊一乍的，吓得妈妈炒菜的勺子都差点掉在了地上，这孩子！

“妈，上次慧慧在咱们家穿裙子的事情，你还记得吗？”

“记得啊，怎么了？”

“你说慧慧身上那点汗毛很正常，其实，我也不觉得什么。可是，我今天终于看到了什么是小猿人了，我们班有个女孩，毛发很旺盛。天哪，我估计您看到以后就不会说正常了。”

“你以前就没发现吗？”

“以前，她也和慧慧一样，穿长衣长裤，即使夏天也这样，最近，估计是被慧慧‘鼓吹’的，也穿起了裙子，我们才看到的，我们班好多人议论呢！我估计，她要恨死慧慧了，慧慧也要恨死您了。”

“是吗？我说慧慧的毛发生长正常，我也没有说所有人都这样啊，要知道，每个机体的生长是有差异的。”

“妈，您还是把我们这些青春期的女孩子为什么会长毛毛、何时长、到底多少才算是正常这些问题一起告诉我吧，这害得我以后也不敢穿裙子了。”

女孩的青春期发育包括全身的所有部位，但最引人注目的是身材长高、乳房长大和出现月经。使青春期的少女意识到身体正在发育的莫过于“第二性征”的出现了。从第二性征出现的先后顺序来说，少女的毛发算是较早的发育信号。当女孩到了10~13岁时，卵巢发育逐渐成熟，在其分泌的性激素刺激之下，阴毛也陆续萌出。最先萌出的阴毛显得稀少而柔软，随着年龄的增长，阴毛的颜色加深、粗而卷曲，呈倒三角形分布于阴阜上。一般情况下，女孩子的发育过程中，大部分是先有阴毛萌出，以后才见月经来潮，但也有些人阴毛萌出可能是在月经来潮之后，甚至是直到18岁以后才长出阴毛。

女性阴毛的生长分为六个时期，每个时期都标志着女孩离成熟越来越近：

第一期，在10岁以前，尚无可见的阴毛。

第二期，10~11岁，稀疏生长出长而柔软的阴毛，且轻微卷曲。

第三期，12~13岁，阴毛增多，并渐集卷曲，粗而黑。

第四期，14~15岁，阴毛扩展覆盖阴唇。

第五期，16~17岁，阴毛扩展到耻骨区，成为成人型。

第六期，18岁时，阴毛呈典型的倒三角形分布到大腿内侧。

我国少女一般在14岁时开始出现阴毛，到17岁、18岁，阴毛的疏密状况基本定型。每个人的身体机制不一样，阴毛的生长情况也不一样，而阴毛的有无、疏密一般取决于以下两个因素：

一是体内肾上腺皮质所产生的雄性激素的水平；

二是阴部毛囊对雄激素的敏感程度。

女性在阴毛发育期，如果由于某种原因使肾上腺皮质产生的雄激素水平低下，或阴部毛囊对雄激素不敏感，就会造成阴毛稀疏或不长阴毛。

有些女孩子因为阴毛稀疏而担心自己是不是有什么问题，甚至怀疑自己的生育能力。其实，在现实中，个体的阴毛疏密差别很大。阴毛稀少或无阴毛的妇女，如果其他第二性征正常（如乳房发育、体型、声音变化等），月经按时来潮，说明性器官的发育及性功能没有什么问题，能够过正常的性生活，也会有正常的生殖能力。阴毛对人体并没有什么特别的作用，也不是反映性功能或生育能力的标志，这已被日常生活中的大量事实和科学研究所证实。所以，阴毛稀少或无阴毛的女性无须为此而烦恼和担心。

也有一些女孩，虽已年过18岁，外阴部和腋窝依然毫无毛发萌出的迹象，因此，她们十分苦闷和焦急，担心会影响结婚和生育。那么，她们为什么不长阴毛和腋毛呢？

原来，人的毛发分两类，一类不受性激素的影响，包括头发、眉毛和眼睫毛等；另一类是在性激素的影响下逐渐长出的，如阴毛和腋毛。少女的阴毛和腋毛是在雄激素睾丸酮的刺激下长出来的。一般来说，女孩子从10~11岁起开始长出阴毛。阴毛首先出现在耻骨联合处的皮肤上，毛发稀细，软而色淡，以后逐渐增多变粗，颜色也加深，2~5年后就成熟定型了。

所以，不能单凭有无阴毛和腋毛来判断是否进入青春期，更不能以有无阴毛和腋毛来判断一个人有没有生育能力。

另外，也有一些女孩子，毛发生长比较旺盛，这也是有一定原因的。

由于青春期女孩性腺刚发育成熟，功能特别活跃而又不太稳定，雄激素的制造量就容易“越轨”。女孩雄性激素量略微增多，体征表现会很明显，如随即引起毛发生长的变化。

皮肤内的毛发生长“基地”称为毛囊。如果毛囊对性激素敏感，毛发便长得快、长得粗、颜色深。如毛囊对性激素敏感度偏低，毛发生长速度便可能较慢，且长得细、颜色浅。但是，毛发包括胡须的生长，不仅与激素水平有关，它还受遗传等多种因素影响。

如果女孩身体的某些部位，如上唇长出与男人一样的胡须，胸前长出又粗又黑的护心毛，阴毛多而呈正三角形，那么就是毛发发育异常了，就可能是患上“症状性多毛症”了。此症虽比较少见，但要引起足够重视，应及时治疗。它极可能源于某些疾病，如卵巢、肾上腺、脑垂体的肿瘤病变导致雄性激素分泌增多，或者雌、雄激素的比例失调。

因此，对于青春发育期女孩来说，只要月经正常，乳房发育良好，自觉健康，身上汗毛略长一些或者浓密一点，并非异常现象，不必担心。

用了卫生巾阴部为什么会出现瘙痒

有一天，彤彤给妈妈打电话，说有急事，晚上回家晚点，妈妈刚开口问什么事，彤彤就挂了。到了晚上八点钟，彤彤才赶回来。

“上哪儿去了，这么晚？”

“陪小美去医院了，医院手续太麻烦了，她妈妈又不在家，出差了。”

“医院？小美怎么了，出什么意外了？严重不？”妈妈着急地问了一连串问题。

“没事了。今天下午下课的时候，小美突然跟我说，下面很不舒服，很痒，我问她是不是好朋友来了，她说是，又说自己一直用那个牌子的卫生巾，妈妈不在，就自己去买的。她告诉我上课的时候就不舒服了，又不好意思开口请假，一直忍着。我就建议小美去医院看看，怕是得了什么妇科疾病。还好，我们身上有点零花钱。”

“那医生怎么说？”

“医生没怎么说，给小美开了一些清洗的药，说很快会好的。”

“哦，那你知道为什么小美经期用了卫生巾阴部会痒吗？”

“不知道，为什么？”

引起青春期女孩阴部瘙痒的原因很多，不一定单纯是卫生巾的问题。比如，卫生巾没有及时更换，身体的清洗没有做好，或者天气热时来月经阴部透气不好等，都可能会造成阴部瘙痒。

一般情况下，引起阴部瘙痒的原因有以下几种：

一、青春期女孩外阴瘙痒主要是因为没有及时更换卫生巾

一项调查表明，日本女人在月经期间平均每天更换6次，

而中国女人为3次。上海市国际妇婴保健院名誉院长程立南教授对此建议，卫生巾最好每2~4小时更换一次。

二、身体的清洗没有做好，或者是天气热时内裤不透风

此外，在使用卫生巾前不洗手，很容易在使用过程中把手上的病菌带到卫生巾上。

三、还有一种可能，即卫生巾保存不当导致的

卫生巾多为非织造布制作，若长期放在卫生间里，受潮后材料会变质，细菌易侵入繁殖。大多数卫生间终日不见阳光，很容易繁衍霉菌，污染卫生巾。因此，拆包后的卫生巾应放在干燥、洁净的环境里，受潮后不应再使用。

四、卫生巾的材质不适合自己的皮肤，导致产生过敏等症状

一味追求大吸收量的卫生巾也可能导致阴部瘙痒。这种卫生巾未必有益健康。长时间不更换卫生巾会增加各种妇科疾病的发病概率。

经常使用带有药物或香味的卫生巾也是原因之一。药物保健卫生巾一般都宣称有抗菌、抑菌、止痒等功效。虽然这种卫生巾在一定程度上能对经期女性起到保洁作用，但并不能够杀菌，健康女性没必要用。

五、忽略卫生巾的有效期

一般来说，卫生巾是使用高温消毒的方法达到无菌的，一次性消毒灭菌的有效期毕竟有限，超过期限就没有无菌保障了。

外阴瘙痒是一种症状，可由各种原因引起，一般应以预防为主，尤其是在经期，青春期的女孩首先应该解除可能发生的病因。要注意经期卫生，保持外阴清洁干燥。切忌搔抓、热水洗烫和使用肥皂。有感染时可用稀释高锰酸钾溶液坐浴，内裤要透气、宽适，忌酒及辛辣或过敏食物。要把卫生巾放在通风干燥的地方，在使用卫生巾前，要注意卫生巾的清洁，还要选用适合自己的卫生巾。当发生感染时，可以局部涂擦神经性皮炎药水或含有皮质激素的软膏，贴用肤疾灵或特美肤涂膜，皆有效果。严重的话，局部可用深度X线照射，或用同位素90锶贴敷，皆有效果。如局部有红肿，则须用抗生素治疗。

经期免疫力低下，易受细菌感染，女孩们一定要懂得自我呵护，让自己远离细菌，坦然地面对经期的一些苦恼问题。

内裤的选择和清洗方法你知道吗

周末，初三年级的丹丹和小芳结伴去逛街。在路过一家内衣店的时候，她们不约而同地被模特身上穿着的蕾丝性感内裤吸引住了。这种内裤完全不同于她们平日里穿的棉质的三角裤，内裤的腰围和腿围都缀着性感的蕾丝，显得非常精致。而且，内裤的形状有点儿像丁字裤，据店员介绍，这样的内裤，穿着的时候不会使臀部出现勒痕。听了店员的介绍，丹丹和小芳心动了，她们决定每人买两条穿穿，毕竟夏天就要到了，马上就要穿薄的裙子或者裤子了，要是能够穿这种无痕内裤，那该多么漂亮啊！再也不会尴尬地露出肉肉的痕迹了。

买了性感无痕内裤之后，丹丹和小芳每天都在盼望着天气赶快热起来，这样她们就可以穿着新内裤穿裙子啦！虽然内裤穿在里面谁也看不见，但是自己的感觉一定会与众不同。焦急地等了半个多月，终于有一天，气温到了25℃，丹丹和小芳迫不及待地穿起了裙子。当然，她们也没有忘记把新买的内裤穿上。

几天之后，小芳突然觉得外阴瘙痒，而且有些刺痛感。她赶紧去医院，医生给她检查的时候，看到她的内裤，问："你还是学生吧，为什么不穿纯棉的短裤呢？"小芳害羞地说："这种更好看啊！"经过检查，医生说："你没什么毛病，挺健康的。"小芳又问："那为什么会瘙痒呢？还有些刺痛。"医生说："估计是你这条好看的内裤惹的祸。你看，这条内裤是化纤面料的，不吸汗，透气性也很差。虽然有着漂亮的蕾丝，但是这种类似于丁字裤的裤型，很容易磨到你私处娇嫩的皮肤，所以才会引起瘙痒和刺痛。我刚才检查的时候看到，你的私处有些充血，但是检查的结果显示你并没有受到细菌的感染，所以应该还是摩擦和刺激导致的。"

听到医生的话，小芳恍然大悟。这时候，她才知道，原来美丽并不是最重要的，最重要的是健康。回到学校之后，她赶紧把这件事情告诉了丹丹，并且劝说丹丹以后还是以穿全棉的内裤为主，不要盲目追求好看，否则会让身体遭殃。

如今，随着市场经济的发展，各种各样的商品极大丰富，包括以前不能明目张胆叫卖的内衣内裤，如今也登上了大雅之堂。而且，内裤的功能似乎越来越多，丁字裤、无痕内裤、性感内裤等。对于这些琳琅满目的商品，女性朋友多了选择的余地，不过，选择时不能盲目地以好看为准则，最重要的是有利于我们的身体健康。那么，青春期的女孩应该怎样选择内裤呢？清洗的时候又有哪些讲究呢？

一、内裤首先要以亲肤舒适为主，还应该吸汗透气

以前，人们都首选纯棉内裤，如今，随着面料的增多，现在流行的莫代尔、竹纤维等面料的内裤也是比较好的。具体选择的时候，除了科学地考量面料之外，还应该结合个人的喜好。

二、内裤最好不要选择紧身的

紧身内裤不利于透气，很容易产生闷热的感觉，导致细菌滋生。

三、内裤最好不要选择深色的

前文说过，白带是女性妇科是否健康的晴雨表，如果选择深色的内裤，比较不容易发现内裤上的分泌物，也就无法及时发现身体的健康状况。

四、最好不要穿丁字裤

丁字裤的材质和款式等，都对女性的身体不利。

五、选择正确的清洗液

清洗内裤时，因为内裤是贴身穿着的，所以最好选择接近人体酸碱度的洗液。有些人喜欢用强碱的肥皂来清洗内裤，其实这对女性私处的酸碱度的平衡很不利。

六、做好内裤的杀菌工作

内裤在清洗并冲洗干净后，可以用开水烫一烫，这样有利于杀菌，然后再放在太阳下暴晒，要知道，紫外线是最好的消毒剂。

七、内裤要单独清洗

内裤不能放在洗衣机里和其他衣服一起洗，而应该用专用的盆手洗。内裤应该每天都换，因此，有人觉得用卫生护垫或者一次性内裤最好，其实，这种观点是错误的。一次性用品有着很大的消毒隐患，再加上为了控制成本，材质也不会很好，所以对女性健康不利。

第05章

了解性知识无罪，青春期不可偷尝禁果

处于青春发育期的女孩子，年龄一般在13~18岁之间。这个年龄的女孩子正在上初中、高中或者刚刚步入大学或中等专业学校。这正是长身体、学知识的黄金时代。然而，有些女孩子在这人生的十字路口，由于不能理智地控制感情，划不清友情与爱情、恋爱与婚姻的界限，常常陷入早恋的泥沼，甚至发生性越轨和未婚先孕的情况。性越轨和未婚先孕不仅摧残少女的身体，而且往往会给她们的心灵带来巨大的创伤。因此，每一个女孩都应当自尊、自爱、自重、自强，珍惜自己的青春年华，千万不可“一失足成千古恨”，让青春之花过早凋零。

什么是性早熟、性晚熟

青春期的女孩子中间，总是有那么多的话题，谁第一个来月经，会被人议论，谁发育晚，也会被人议论。这不，最近班上有群女孩在正在议论“小不点”王豆豆——这个女孩就和她的名字一样，给人的感觉是那么瘦小，但实际上，她是班上年纪最大的一个。很多男同学还笑话她晚熟，弄得这女孩很苦恼。

丹丹回家后，把这件事告诉了妈妈，她们母女间是没有任何秘密的，学校的任何趣事，她回家后都会和妈妈分享。丹丹问妈妈：“什么是性晚熟啊？那既然有晚熟，一定有早熟喽，是吗，妈妈？”

“你们班的豆豆也不一定是性晚熟，每个人的发育年纪是不一样的。性晚熟一般是指……”

一、什么是性早熟、性晚熟

女孩在 8 岁以前，呈现第二性征——即乳房发育、出现阴毛、乳头色素沉着、阴道不规则出血、月经初潮等，则为女性性早熟。

性晚熟和性早熟正好相反，是指发育延缓或错后。严重者会由于发育不成熟而终生不能生育。

一般来说，女孩年龄到了14岁，仍然没有性发育的任何征兆，就应该考虑是不是有性晚熟的可能。正常人从第二性征开始出现到具有成人的特征，一般需要经过4年半的时间。从青春期躯体发育特征的出现到生殖器官的生长完善，如果这一过程超过5年还没有完成，也要考虑是不是有性晚熟的情况。

二、性早熟和性晚熟的原因

性早熟根据其病因，可分为三类：

1.中枢性性早熟或真性性早熟，该类性早熟是由于下丘脑—垂体—性腺轴提前发动引起的。

2.外周性性早熟或假性性早熟，是由于分泌性激素的肿瘤或组织增生（先天性肾上腺皮质增生症、肾上腺皮质肿瘤、性腺肿瘤）产生性激素或摄入外源性性激素（大量或长期服用含有性激素的药物或食物或使用含性激素的护肤品）引起性征发育。假性性早熟除了性征表现外，还多有其他的症状。

性晚熟的原因，多与基因遗传病和染色体病有关，如特纳氏综合征等。此外全身性免疫病和营养不良，如结核病、糖尿病、吸收不良症候群等也可使青春期延迟。

三、性早熟和性晚熟的危害

也许有些女孩认为，性早熟会比同龄人高，实际上完全相反。因为，性早熟的女孩较正常的女孩来说，青春期会提前，会提早大量分泌性激素，虽暂时生长加速，身高较同龄人高，但由于性激素的刺激，骨龄明显超过实际年龄，致使骨骺提前闭合，生长的时间缩短，本该长个子的年龄却停止生长，而最终导致矮小。

性早熟除了影响女孩的最终终身高外，也会使女孩过早来月经，过早背负身体成长带来的精神压力，因此，这类女孩往往会精神紧张，正常生活和学习受到影响。

与性早熟相反的是，性晚熟的少年因为第二性征出现晚或不出现，容易产生自卑和心理障碍，部分患者最终导致身材矮小。

因此，若发现女孩性早熟或性晚熟，要即使治疗。每到寒暑假，很多矮小患者蜂拥前往医院就诊，但是，前去就诊的孩子中，有些患者都是直到15岁以后其父母才想到要治疗的。结果，有些孩子因为治疗年龄太大，最终效果不是很理想。

无论是性早熟还是性晚熟，都是发育异常，都要及时治疗。

有性幻想是坏孩子吗

很多青春期女孩和父母都认为，那些学习成绩好、听父母和老师的话就是好孩子；反之，一旦做了让父母或者老师不中意的事情，就是坏孩子。很多女孩在有了性幻想的体验后，就觉得自己是个坏孩子，因此羞愧、自责甚至无心学习。实际上，性和吃饭一样，是人体必需的。因为，从生理角度上看，性冲动不受大脑支配而是由血液中的激素水平所决定的，是一种不以人的意志为转移的自然现象，也是一种自然能量的积累过程，当它积聚到一定程度，就应该有一个合理的宣泄途径。由此，性幻想就产生了。

那么，性幻想一般是怎么产生的呢？

处于青春期的女孩，在一般情况下，是不会产生性幻想的，但如果受到内外环境的刺激，如窃窃私语、异性体味体貌、抚摸、想象等，就会产生神经冲动，这种冲动传导到大脑的有关中枢后会形成性兴奋，并通过神经系统作用于生殖器官，导致其生理和心理的变化。

对于女孩子来说，一般表现为阴蒂和阴道壁充血膨胀，黏液分泌增多。在发生这些变化的同时，其心理也会产生激动和快感。

因此，性幻想是青春期女孩的一种性冲动，女孩不必惊讶，这是女性发育到一定阶段的正常生理现象；但也应该加以控制，以免影响学习和生活。

因为频繁的性冲动会使人对学习的兴趣下降，如不加控制，会使神经系统在短时间内失控，做出不理智的事情。

为避免这样的局面出现，女孩应该从小树立生活的理想和奋斗目标，把心思多放在学习和健康的生活上，多参加一些有意义的公共活动，让生活更充实、兴趣更广泛；尽量让自己远离黄色材料；让自己养成有规律的生活习惯。这样，你对性的关注就会减少。同时，要和异性作正常的交往，以消除对异性的困惑，这样，就能大大方方地和异性交往了。

处女膜是什么东西

有一天，菲菲和洋洋两人走在路上，在一家妇科医院门口，几个发传单的人员竟然丢给菲菲一本宣传册，霎时，“处女膜修补手术”这几个大字映入菲菲的眼睛。当时，菲菲真是羞死了，洋洋还非要看。

“菲菲，什么是处女膜修补手术呀？”

“就是我们身上的某个零件不完整了，需要修理吧。”

“那我们的没问题吧，是哪个零部件啊？”

菲菲已经羞得想找个洞钻进去，洋洋还这么问。她生怕哪个路人听见自己和洋洋的对话，保险起见，她准备把宣传册丢进垃圾桶，却被洋洋一手夺了过去。

“你真是不害臊，我们的肯定没问题。”

“你怎么知道没问题，你去医院检查过吗？”

“拜托，我们结束这个话题吧！”

“不行，你得跟我说清楚。”

菲菲已经被洋洋缠上了。

就这样，两人拿着一本处女膜修补手术的宣传册，一直“纠缠”到家。

关于处女膜，青春期的女孩需要了解以下几个方面的知识。

一、什么是处女膜

关于处女膜，很多青春期的女孩认为其很神秘，那么，到底什么是处女膜呢？处女膜的构造又是怎样的呢？

处女膜是其他雌性动物没有而为人类女性所独具的，它在胎儿3~4个月时出现、发育、形成。处女膜是覆盖在女性阴道外口的一块中空薄膜，1~2毫米厚，膜的正反两面都是湿润的黏膜，两层黏膜之间含有结缔组织、微血管和神经末梢，中间的小孔叫处女膜孔。处女膜孔的大小和膜的厚薄程度各人有所不同。处女膜孔的直径约1~1.5厘米，通常为圆形、椭圆形或锯齿形；有的呈半月形，膜孔偏于一侧；有的为隔形孔，有两个小孔上下或左右并列；有的有很多分散的小孔，就像筛子上的小孔。

二、处女膜有什么用处

处女膜对于女性的健康起着很重要的作用：

处女膜可以防止外界不洁的东西进入阴道，有保护阴道的作用。

青春期前，由于卵巢所分泌的雌激素很少，这时阴道黏膜薄、皱壁少、酸度低，故抵抗力差，处女膜有阻拦细菌入侵阴道的保护作用；青春期后，随着卵巢的发育，体内雌激素增多，阴道抵抗力有所加强，处女膜也就逐渐失去了作用。处女膜孔是生理所必需的，女子成熟后，每月一次的月经血就是通过这个小孔排出体外，如果膜上没有小孔，则每月的月经血被它挡住而不能排出体外，医学上叫作处女膜闭锁。如果没有及时发现，月经血在阴道内积聚，成年累月以后可向上扩展到子宫腔和输卵管，通过输卵管的远端开口，流入腹腔中，使输卵管破损，肠管粘连，腹腔感染。

青春期的女孩们，青春期是“性”的萌发期，对于这些生理知识，你们一定要从正面渠道了解，也不必羞怯。其实，对于“性”问题的好奇是青春期的正常心理，大方地面对性问题，用正确的心态学习、理解，女孩才能更好地保护自己！

阴道检查会损伤处女膜吗

芳芳最近总感觉下身不怎么舒服，她以为是自己的卫生习惯不好，于是，大冬天的，她由以前的一个星期洗两次澡改为一天一次。每天晚上很晚才回家的妈妈总是看到阿芳新换了衣服，也没多说什么，以为女儿爱干净。可是芳芳的症状并没有缓解，甚至越来越严重了，有时候，痒得让芳芳不知所措。她很想告诉妈妈，让妈妈带她去医院，可是又怕人家说她干了什么坏事。另外，听说，妇科检查时需要做阴道镜，这样，处女膜会破。几个原因，让她一直纠结着。

终于，有一天，她憋不住了，来找闺蜜丹丹问怎么办。

“我真的怕，可是情况越来越严重，我该怎么办？”

“你别急，我去问问我妈，她肯定知道阴道检查会不会损伤处女膜。”

丹丹也不好意思来问妈妈，妈妈反倒说：“我都听到了，你把芳芳叫过来。”

“芳芳，我知道你的顾虑，我跟你说实话，阴道检查是可能损伤处女膜的，但也不一定。你不要因为怕损伤处女膜不去医院作检查，万一真的身体有问题怎么办？耽误了可是大事。你要是觉得不好意思，你让丹丹陪你去，先不告诉你妈妈，你看行吗？”

“阿姨，我听您的，您真是太好了。”

和芳芳一样，很多女孩得了妇科炎症以后，需要去医院作妇科检查，可是有一个顾虑——害怕阴道检查会损伤处女膜。

的确，阴道检查可能导致处女膜的损伤，所以，近几年来B超和腹腔镜的发展，对一般的妇科疾患都可以作出明确诊断，不需要作阴道检查。未婚少女在妇科看病，作妇科检查时，一般是通过直肠、腹壁联合检查了解盆腔的情况。但有一些情况必须作阴道检查。

那么，什么情况需要进行阴道检查？如有下述情况应予考虑。

1.病变部位在宫颈或阴道。

2.盆腔包块的来源不清楚。

3.需要进行刮宫术等。

这个时候会进行阴道窥器检查，直接观察病变，或作双合诊、三合诊以了解盆腔情况。

而且，阴道检查除可导致处女膜破裂外，没有其他不良影响。为了明确诊断及解除病痛，应接受必要的检查，同时，医生对少女作阴道检查，也要认真、严肃地对待，在进行阴道检查时，可适当给些镇静剂，使骨盆肌肉放松，从而取得满意的检查效果。

有些少女又有疑问：阴道检查有很大痛苦吗?

未婚少女进行阴道检查确有一些痛苦，通常需要辅加止痛、镇静剂，有时还需要在麻醉下进行。这样可使患者减轻疼痛或无痛，并使骨盆部肌肉放松，从获得满意的检查效果。

为了身体健康，女孩若是有病，还是应该与家长应与医生密切配合，打消不必要的思想顾虑；也不要相信处女膜破裂就不是处女的谬论，因为处女膜是否裂和是不是处女之间没有必然的联系。

青春期女孩，一定要以健康为重，身体是革命的本钱，一旦身体不舒服，不要有过多的疑问，要及时就医。

青春期少女也有妇科病

文文是个娇小的女孩，但生性叛逆，从小体弱多病，那时候，她爸妈生怕这孩子养不大。好不容易长大成人了，还是三天两头上医院。

14岁那年，文文来月经了，可这每个月的好朋友，真是文文的敌人，每次来，都差点要文文的命。她是很明显的痛经，可是这孩子倔，就是不愿意去医院看看。其实，大人们都知道，她是害羞，怕同学知道了说长道短。

那天，文文来到好朋友豆豆家，这两人一上网，就打起了游戏，中午豆豆妈喊吃饭都没听见。下午，两个小丫头累了，就躺在卧室的床上睡着了，睡着睡着，文文喊肚子疼，豆豆妈一看，床上已经一片红了。文文一直捂着肚子说对不起，豆豆妈妈看到痛苦不堪的文文，立即说要带她上医院。

“文文，你这样不行！今天我一定和豆豆把你带到医院去。”

“我不去，我还是个未婚的女孩子，去医院作妇科检查，人家会笑话我的。”

“谁说的，上周我还带都豆豆去做B超呢，她也不舒服，是不是，豆豆？”妈妈转过眼来对豆豆使了个眼色。

“是啊，你看，也没人说我。女孩要经常作妇科检查，才能及时知道自己的身体状况。”

豆豆这么一说，文文才答应去医院。

大部分少女总是对妇科检查充满害羞和畏惧心理，且认为尚未结婚的女孩根本不需要作妇科检查，这是一种错误的想法。有些妇科疾病随时都可能“光顾”你，有几种可能会让你不得不站在妇产科的大门口。

一、痛经

不少青春期女孩都会因痛经而不得不去医院进行诊断。痛经看似没什么大碍，但也要引起注意。在行经前后或经期中发生明显腹痛致影响学习、生活和工作的，便是痛经。痛经有原发性和继发性两种。少女的痛经绝大多数为原发性，主要是子宫内膜中的前列腺素含量过高引起。痛经发作时，小腹阵痛，有时疼痛放射到阴道、肛门和腰部。腹痛剧烈时面色苍白，冒冷汗，手脚冰冷，还会发生恶心呕吐甚至昏厥。一般要到经血量增多后，腹痛才会有所缓解。

二、外阴瘙痒

已婚女性外阴瘙痒与少女不同，她们一般是由于患阴道炎、外阴炎而瘙痒。而少女的外阴瘙痒，则多见于长期穿化纤内裤、牛仔裤等紧裹臀部的外裤，不注意外阴部清洁卫生而引起。

青春期的少女一定要注意阴部的卫生，因为会阴部有白带、尿液、粪便和经血的污染，如果不注意局部清洁卫生，这些污垢便会刺激局部皮肤，引起外阴瘙痒。如果会阴部得了牛皮癣、湿疹和神经性皮炎等皮肤病，也会引起外阴瘙痒。

三、无阴毛

阴毛是人的第二性征之一。经过青春发育期以后，在性激素的作用下，青少年会长出阴毛和腋毛。而女性阴毛出现的年龄早于月经初潮年龄，大约在12岁左右便会出现阴毛。经过青春发育期的妙龄少女如果无阴毛，那就有可能患了脱纳氏综合征、单纯性腺发育不全和睾丸女性化等内分泌疾病。当然，如果阴毛受体不健全或缺如，或者毛囊发生病变或过于稀少，也会导致阴毛稀少甚至缺失。

四、原发性闭经

月经是女孩子迈向成熟女人行列的重要标志，但也有一些女孩子到了青春期仍没有来月经，这种情况下，女孩一定要去作妇科检查。女孩长到了13~15岁时候应该出现月经，最迟到17~18岁也应出现月经初潮。如果过了18岁月经迟迟不来，就是得了原发性闭经。如果来过月经初潮，以后再出现闭经的，便称为继发性闭经。

月经的来潮，须依赖丘脑下部—脑垂体—卵巢功能的协调和子宫内膜对性激素的周期性反应，丘脑下部分泌促性腺激素的释放激素，促进脑垂体分泌促卵泡成熟激素和黄体生成激素。在这两种激素的协同作用下，卵巢分泌雌激素和孕激素，并作用于子宫内膜，使子宫内膜发生周期性的变化和脱落，这就产生了月经。只要其中任何一个环节“卡”住了，就会发生原发性闭经。

五、青春期功能性子宫出血

又称为青春期功血，是由于下丘脑管理垂体促性腺激素合成与释放的中枢延迟成熟而引起的。下丘脑—垂体—卵巢轴不能正常活动，卵巢发生排卵障碍。

卵巢内有卵泡发育，能分泌雌激素，但不能成熟，血中雌激素水平随卵泡的生长和萎缩而上下波动，雌激素水平高时，子宫内膜可有增生改变；雌激素水平低时，子宫内膜便失去支持而坏死、剥脱与出血。青春期功血的临床表现，主要为月经周期的紊乱和月经量的改变。例如，经期长短不一，出血量时多时少，少时稀稀拉拉、淋漓不尽，多时犹如血崩。长期如此，容易引起贫血。

由此看来，即使是未婚少女，也有罹患妇科疾病的可能。当未婚少女出现“含苞未放”、阴毛未见生长、外阴瘙痒、月经异常或来经时剧烈腹痛等异常情况时，应及时找妇科医生，千万别害羞、讳疾忌医，以免贻误病情、影响健康。

的确，少女对一些妇科问题比较害羞，其实，你完全没必要恐惧和不好意思。医生在为病人检查身体时，完全是用科学的眼光和专业的态度，根本不会想到别的问题上；实在害羞的话，也可以在母亲的陪同下去医院。

女性是怎样怀孕的

一到寒暑假，小微就很无聊，小微的妈妈从来也不会逼她去学这学那，因此，她大部分的时间就消耗在了看电视上。有时候，她甚至无聊到不放过任何一个广告。

这天中午，小微又懒洋洋地躺在沙发上看电视，妈妈正准备回房间睡午觉，被小微喊住了。她好像看到了什么奇怪的事。

妈妈走过来一看，原来是一个不孕不育的广告。

“妈妈，你说，这年头，这不孕不育的广告怎么铺天盖地的呀，为什么那些阿姨和姐姐怀不了孩子呢？女性是怎样怀孕的呢？”妈妈听，愣了，女儿看电视居然还在意这些？看样子真是长大了。

“我听好朋友说，她妈妈告诉她，说她是从胳肢窝里出来的，我就不信。”

“哈哈，当然不是，女性怀孕是这样的一个过程……”

伴随着身体的逐渐成熟，青春期的少女对人体的生殖情况也充满了好奇。的确，了解这些，也有助于女孩更好地保护自己。

那么，女性到底是怎么怀孕的呢？

卵子受精形成受精卵并在子宫腔内种植、生长，发育而形成胎儿，这个过程叫作怀孕。

通常把妊娠分为三期，每期约三个月。

一、怀孕初期

胚胎在此时会急剧改变发展。大约一半的女性会在这时（也只在这时）出现害喜症状。

1.受精。在妊娠开始前，卵子要先遇到精子，形成受精过程。大部分的受精是于男性在女性体内射精后产生。现在的技术也可以做到在体外进行人工授精。

2.着床。医学上妊娠是胚胎着床在子宫内膜开始。有时因为并发症，胚胎会在输卵管或子宫颈着床，造成子宫外孕。着床通常没有迹象或症状，虽然也有不少着床时轻微出血的例子。胚胎的外层会长成胎盘，可以从子宫壁接收营养。脐带连接新生儿与胎盘。

虽然医学上妊娠是从着床开始，不过一般计算预产期是用“内格勒方式（Naegele’s Rule）”：最后一次月经（LMP）加40周（280日）。胎儿出生早于37周视为早产，晚于43周视为过期产。但是妊娠时间长短因许多因素而变。比如，第一胎通常会怀孕比较久。

受孕的准确日期很重要，因为很多产前检查都是根据这个日期决定的。是否要引产也是由这个日期决定。由于女性月经周期长短不同，排卵日也未必在第14日，因此预产期只能粗估。大约3.6%的妇女在根据月经估计的预产期生产，4.7%的妇女在根据超音波诊断估计的预产期生产。

二、怀孕中期

多数妇女觉得这时比较有活力，而且开始大幅增加体重。这时胎儿开始长成可辨认的形状，孕妇也逐渐可以感觉到胎儿的运动。

三、怀孕晚期

体重增加的最后阶段。胎儿定期活动，这可能令孕妇不太舒服，并且导致孕妇出现腰酸背痛、膀胱无力等症状。

另外，女性在怀孕的时候，是有一些征兆的：

月经停止：如月经一直很规律，一旦到期不来，超过10天以上，就应该考虑到怀孕的可能性。这是怀孕的最早信号，过期时间越长，妊娠的可能性就越大。

早孕反应：停经以后孕妇会逐渐感到一些异常现象，叫作早孕反应。最早出现的反应是怕冷，以后逐渐感到疲乏、嗜睡、头晕、食欲不振、挑食、怕闻油腻味、早起恶心、甚至呕吐。

尿频：怀孕后子宫逐渐增大，压迫膀胱，所以小便次数增多，但并没有尿路感染时出现的尿急和尿痛症状。

乳房变化：可出现乳房发育，乳头增大，乳头、乳晕颜色加深，乳头周围出现小结节，甚至出现乳房刺痛、胀痛的现象，偶尔还可挤出少量乳汁。

色素沉着：有的妇女怀孕后会出现面部及腹中线有棕褐色色素沉着的现象。

基础体温升高：当出现上述某些症状时，可每天测定基础体温，怀孕者基础体温往往较高。

凡在生育年龄的女性，发生性关系而又未采取避孕措施者，都有怀孕的可能。婚后保持正常性生活的妇女，如果没有采取避孕措施，约有85%的人在第一年内就会怀孕，尽早知道自己怀孕有很多好处。

宝宝是怎么诞生的

冬天来了，玲玲总是感冒，妈妈经常说她“要风度不要温度”。可是，青春期的女孩子就是爱美，这不，妈妈今天又去给她请了一天假，带她去医院打针。针打完以后，她们正打算离开医院、经过妇产科的时候，居然听到一阵孩子的哭声，玲玲觉得是产妇生了。

大冬天的，母女俩居然激动得哭了。然后玲玲提议去看看抱出来的孩子长什么样子。

一会儿，孩子就出来了，小脸红扑扑的。玲玲对妈妈说：“我终于知道‘世界上最伟大的人是母亲’这句话的含义了。”

“生命有时候真的是很奇特，你看，刚才宝宝还在妈妈肚子里，现在就来到了世界上，从此，他就是一个独立的生命个体了。妈妈十月怀胎，是一个艰辛的过程，到了生产的时候，还要经历那么大的痛苦，可是，没有哪个母亲会抱怨，她们都是幸福的。”说完这些，妈妈看到玲玲已经泪流满面了。

过了一会儿，玲玲擦干眼泪，问题就来了：“妈妈，那宝宝是怎么诞生的呀？”

“宝宝是怎么诞生的”，可能所有的青春期女孩对这个问题最敏感，一般情况下，也是避而不谈，即便心中总是充满好奇。其实，婴儿的出生过程并不神秘。

小孩的产生过程是：由父亲的精子与母亲的卵子在母体内结合，然后经过十个月的分化与发育，变成成熟的胎儿，由母亲的阴道分娩出来。这其中一个最重要的过程就是受精过程。

所谓的受精是男女成熟精子和卵子的结合过程。当精液射入阴道内后，精子离开精液经宫颈管进入宫腔与子宫内膜接触，解除精子顶体酶上的“去获能因子”，此时精子获能，继续前进进入输卵管，与在输卵管等候的卵子相遇。精子争前恐后，利用自己酶的作用，穿过卵子的外围屏障，当其中一个强壮的精子的头部与卵子表面接触之时，其他精子不再能进入，此时为受精过程的开始。当卵子的卵原核和精子的精原核融合在一起形成受精卵时，则标志着受精过程的完成。

而分娩是孩子出生的过程，被认为是一个人人生的开始。

女性从开始感觉到子宫规律地阵痛收缩以及子宫颈扩张起开始分娩。虽然大部分人都觉得分娩很痛苦，但大部分女性都能正常生产，不过有时因为并发症而要进行剖腹生产，也有时进行会阴切开术。

分娩全过程即总产程，是指从开始出现规律宫缩直到胎儿胎盘娩出，临床分为3个产程。

第一产程又称宫颈扩张期：从开始出现间歇5~6分钟的规律宫缩到宫口开全，初产妇的宫颈较紧，宫口扩张较慢，约须11~12小时；经产妇的宫颈较松，宫口扩张较快，约须6~8小时。

第二产程又称胎儿娩出期：从宫口开全到胎儿娩出。初产妇约须1~2小时；经产妇通常数分钟即可完成，但也有长达1小时者。

第三产程又称胎盘娩出期，从胎儿娩出到胎盘娩出，约须5~15分钟，不应超过30分钟。

从男女交配受精产生受精卵到胎儿从母亲腹中诞生，这一过程虽然不好说出口，但女孩也不必羞怯，对性的了解和认知应该是大大方方的，这样，才能揭开性的神秘面纱，才能明白如何在男女交往中保护自己。

女性了解得越多，越懂得怎么让自己不受伤害，越懂得怎么珍惜生命。

关于艾滋病你要知道的

12月1日是一年一度的世界艾滋病日，这天，学校号召师生举办相关活动，宣传和普及预防艾滋病的知识。

这不，刚下课，小樱就看到三年级的师兄师姐们在布置展板了。她拉着洋洋看展板，不一会儿，又来了好多人围在展板附近。

“天哪，原来和艾滋病人说话不传染的呀，我一直以为空气也会传染呢！”小樱很吃惊的样子。

“是啊，我以为蚊子也会传染呢！”另一个女生也应和着。

“是啊，对艾滋病，很多人都有误解，多了解一些，你们就会知道的。”布置展板的学姐说。

关于艾滋病，青春期的女孩，应该了解以下内容：

一、什么是艾滋病

艾滋病，即获得性免疫缺陷综合征（又译：后天性免疫缺陷症候群），中文病名是英语缩写AIDS的音译，曾译为“爱滋病”“爱死病”。1981年在美国首次被发现和确认。分为两型：HIV-1型和HIV-2型，是人体感染“人类免疫缺陷病毒”（又称艾滋病病毒）所导致的传染病。艾滋病被称为“史后世纪的瘟疫”，也被称为“超级癌症”和“世纪杀手”。

HIV是一种能攻击人体免疫系统的病毒。它把人体免疫系统中最重要的CD4-T淋巴组织作为攻击目标，大量破坏该细胞，造成高致命性的内衰竭。这种病毒在地域内终生传染，破坏人的免疫平衡，使人体成为各种疾病的载体。HIV本身并不会引发任何疾病，而是当免疫系统被HIV破坏后，人体由于抵抗能力过低，丧失复制免疫细胞的机会，进而感染其他的疾病，导致因各种复合感染而死亡。

二、艾滋病的症状

艾滋病病毒在人体内的潜伏期平均为12年至13年，在发展成艾滋病病人以前，病人外表看上去正常，他们可以没有任何症状地生活和工作很多年。

艾滋病的临床症状多种多样，一般初期的症状像伤风、流感，如全身疲劳无力、食欲减退、发热、体重减轻等；随着病情的加重，症状日见增多，如皮肤、黏膜出现白色念球菌感染，出现单纯疱疹、带状疱疹、紫斑、血肿、血疱、滞血斑，皮肤容易损伤，伤后出血不止等；以后渐渐侵犯内脏器官，不断出现原因不明的持续性发热，可长达3~4个月；还可出现咳嗽、气短、持续性腹泻便血、肝脾肿大、并发恶性肿瘤、呼吸困难等。由于症状复杂多变，因此并非每个患者都会出现上述所有症状，一般常见一两种以上的症状。按受损器官来说，侵犯肺部时常出现呼吸困难、胸痛、咳嗽等；如侵犯胃肠可引起持续性腹泻、腹痛、消瘦无力等；如侵犯血管可引起血栓性心内膜炎，血小板减少性脑出血等。

三、艾滋病的传播途径

艾滋病传染主要是通过性行为、体液的交流及母婴传播等途径。体液主要有：精液、血液、阴道分泌物、乳汁、脑脊液和有神经症状者的脑组织中。其他体液中，如眼泪、唾液和汗液，存在的数量很少，一般不会导致艾滋病的传播。

人们经过研究分析，已清楚地发现了哪些人易患艾滋病， 并把易患艾滋病的这个人群统称为艾滋病易感高危人群，又称之为易感人群。艾滋病的易感人群主要包括男性同性恋者、静脉吸毒成瘾者、血友病患者，接受输血及其他血制品者、与以上高危人群有性关系者等。

因此，生活中一般的接触并不能传染艾滋病，所以，艾滋病患者在生活当中不应受到歧视。如共同进餐、握手等都不会传染艾滋病。艾滋病病人吃过的菜、喝过的汤是不会传染艾滋病病毒的，因为艾滋病病毒非常脆弱，在离开人体后，如果暴露在空气中，没有几分钟就会死亡。 艾滋病虽然很可怕，但该病毒的传播力并不是很强，它不会通过我们日常的活动来传播，也就是说，我们不会经浅吻、握手、拥抱、共餐、共用办公用品、共用厕所、共用游泳池、共用电话、打喷嚏等而感染，甚至照料病毒感染者或艾滋病患者都没有关系。

生活中青春期的女孩们，了解这些后，当你身边有艾滋病患者时，你不应该歧视他，应在精神上给予鼓励，让他积极配合医生治疗，战胜病魔，同时让他注意自己的行为，避免将病毒传染给他人。

青春期发生性行为对身体有什么危害

期末考试终于结束了，小青想好好地放松一下，于是，妈妈特许小青好好地上一次网。这小丫头一听可以上网，兴奋得像只小鸟一样，马上打开电脑。当然，首先，她就登上了QQ账号，和久违的几个朋友聊了起来。

她有个聊得来的朋友，小青叫她姐姐，一阵寒暄之后，两人聊起来了。这个姐姐好像有很多烦恼，在小青的关怀下，她一股脑儿地都向小青倾诉了。

“小青，我又去做人流了，这已经是我第三次了。我知道这样不好，可是我真不知道怎么办！”

小青一听，吓得半天没说话，在她的身边毕竟都是些懵懵懂懂的孩子。

“姐姐，你为什么要人流呢？”

“怀孕了，还没结婚，就要人流呀。”

“那你不怀孕不就行了！我听说人流对身体伤害很大。”

“是啊，我自己也后悔。总之，小青，你要好好学习，不要在学校谈恋爱，更不要做出什么越轨的事，不然到时候就和姐姐一样，后悔都来不及了。”

小青听完这些以后，久久不能平静。之后，她去找妈妈：“妈妈，为什么那些女孩都要做坏事呢？既然对自己身体不好，为什么还要做？”

“小青，妈妈知道你是好孩子。青春期就是要好好学习，有些事，一旦做错，是一辈子的事，你知道吗？”

小青点了点头。

女孩到了青春期，性意识开始萌发，渴望和异性交往，这些都是情理之中的事，而且，与异性适当交往，对女孩的身心发展都有帮助；但女孩一定要理智对待，注意度的把握，不可早恋，更不可在青春期就发生性行为。

青春期的女孩一旦“坠入情网”，常会有性冲动，这也是正常的。但青春期的女孩应该学会自尊、自爱，学会保护自己，贞操在当今社会还是要提倡的。而且，青春期有了性生活，无论对于一个未成熟的少年的身体还是心理，都有极大的危害。

一、过早的性生活会对正处于发育阶段的生殖器和阴道造成损伤，甚至导致感染

青春期的女孩子身体各个部位的器官都还未成熟，尤其是阴部的皮肤组织还很娇嫩，阴道的表面组织薄弱，性生活时可造成处女膜的严重撕裂及阴道裂伤，导致发生大出血，同时还会不同程度地将一些病原微生物或污垢带入阴道。而此期女性自身防御机能较差，很容易造成尿道、外阴部及阴道的感

染。如控制不及时，还会使感染扩散。

二、过早的性生活可导致怀孕、带来身心上的伤害

如果女孩在性交时不采取有效的避孕措施，极有可能怀孕。一旦怀孕，必须做人工流产，这是唯一挽救女孩错误的措施。而人工流产不仅对女性身体不利，可引起一系列的并发症，如感染、出血、子宫穿孔以及婚后习惯性流产和不孕等，而且，周围的舆论压力和自责、内疚等情绪会给女性造成严重的心理创伤，流产后的女孩子会很长一段时间摆脱不了周围人的流言蜚语，甚至会影响婚后正常的性生活。

三、过早的性生活可严重影响心理健康

性意识的朦胧可能会让少女偷尝禁果，但一般情况下，她们都是偷偷摸摸地进行，缺乏必要的准备，因此，往往精神紧张。同时，她们会在性生活过程中和事后又因怕怀孕、怕暴露而产生恐惧感、负罪感及悔恨情绪，久之还会使其心理变态，如厌恶男子、厌恶性生活、性欲减退、性敏感性降低和性冷淡。这些都会对女孩未来正常的婚姻生活造成一定的负面影响。

四、过早的性生活可影响学习和工作

少女的青春期正处在学习、工作和积累知识为自己创造辉煌未来打基础的黄金时代，如果有性生活，必当会分散精力，甚至无心学习，对本人、家庭和社会都不利，严重的会影响学业甚至一生的命运。

所以说，少女在青春期应忌性生活，应十分珍惜自己的青春与身体，应把注意力和兴趣投入学习、工作中去，这对于自身的健康成长、事业成就、生活幸福都有重要意义。

第06章

脆弱的青春期，女孩子要学会保护自己

青春期的女孩朝气蓬勃，身体也逐渐发育成熟，很容易引起异性的关注，这其中不乏一些性骚扰者。女孩必须学会一些保护自己的措施，在与男孩相处的过程中，要了解什么是性骚扰，该如何和异性相处，对如何保护自己有深层次意义上的认识。

怎样防止遭遇性侵害

有个星期天的中午，菲菲正在睡午觉，莉莉兴冲冲地跑来找她，把她吵醒。

“跟你说个大快人心的事情。”

“什么事啊，我还在做白日梦呢，就被你吵醒了。”

“我有个笔友，跟你说过的，你知道她吧？”

“知道，叫刘丽丽是吗？”

“是啊，她今天给我写信来了。”

“是吗？说什么了？”这下子菲菲一点睡意也没了。

“她们学校有个老师很变态，居然骚扰她。”

“你说全点，后来怎么样？”

“刘丽丽今年初三，一段时期以来一直感到非常不安，原来，她担任数学课代表后，与数学老师的交往多了，数学老师经常在放学后将丽丽单独留下来，有时是‘谈心’，有时是让丽丽帮助自己登记成绩等。开始数学老师经常摸丽丽的头发，说她长得漂亮等，丽丽并不在意，但后来数学老师不仅言谈轻浮、讲一些出格的语言，还开始动手动脚，丽丽感到问题的严重性，不仅严词抵制，还警告说，如果再这样就要告诉自己的家长和校长，这才使数学老师不敢肆意妄为。后来，凡是数学老师叫丽丽帮忙，丽丽总是让同学做伴去。这样，丽丽的态度震慑了数学老师，同时也使数学老师无法单独与丽丽在一起，从而有效避免了来自数学老师的性骚扰。”

“的确是，我们也要向刘丽丽学习，以后在生活中多注意，要学会保护自己。”

什么是性骚扰呢？比较普遍的定义为：

1.任何人对其他人做出的不受欢迎的性要求或不受欢迎的获取性方面好处的要求。

2.任何人做出的其他不受欢迎的涉及性的行径，而这些行径会让人感到受冒犯、侮辱或威胁。

总而言之，任何以言语或肢体做出有关“性的含意”或“性的诉求”或性的行为，使得对象（受害人）在心理上有不安、疑虑、恐惧、困扰、担心等情况，均属性骚扰。

美丽姣好的青春期女孩是异性关注的对象，很容易引起一些性骚扰者的注意。女孩在遇到性骚扰的时候，应采取措施保护自己，但最好的办法还是尽量避免性骚扰，应当像刘丽丽那样，积极行动起来，勇敢面对性骚扰，采取预防措施。即使面对性骚扰的现实侵害也不要一味害怕，应当学会审时度势，针对不同的情况找出对策，然后采取不同的措施。

那么，怎么样才能避免性骚扰、让自己远离性侵害呢？

一、不给性骚扰者下手的机会

在公共场所，尽量待在人群里，不要给性骚扰者下手的机会，遇到一些行为怪异的异性，应及时回避，同时还应该把你的拒绝态度明确而坚定地表达给对方，告诉他，你对他的言行感到非常厌恶，若他一意孤行，将产生严重的后果。

二、对陌生男性要保持高度的警惕性

外出时，尤其是处于陌生的环境中时，若有陌生的男性搭讪，不要理睬，要注意那些不怀好意的尾随者，必要时采取躲避措施。而对于那些总是探询你个人隐私、过分迎合奉承讨好你，甚至对你表现出异样目光和举止的男性，应引起警觉，尽量避免与其单独相处，以免给对方留下“下手”的机会。

三、自尊自爱，不衣着暴露，减少遭遇性骚扰的可能性

很多调查资料显示，穿着暴露的女孩更容易引起性骚扰者的注意。而现实生活中，就有那么一些女孩，明知道这个道理，却衣着打扮过分暴露，穿袒胸露背或超短裙之类的服饰；有的女孩身着奇装异服，行为轻浮；也有一些女孩，喜欢听一些恭维、吹捧、赞美的话，或者刻意卖弄自己的青春魅力等。这类女孩很容易引起男性的性欲望，最终成为性骚扰的目标。如果女孩能够自尊自爱，就能够有效防止自己成为性骚扰的对象和陷入被性骚扰的困境。

四、尽量不要与异性结伴而行，不给性骚扰者机会

女孩子不比男孩子，要有警惕心理，懂得保护自己，当

有陌生男人问路时，不要带路；也不要随便接受陌生人的宴请，以防止坏人在食品里下药；更不要搭乘陌生人的机动车或自行车，防止落入坏人圈套。总之，女孩应尽量避免夜间独自外出，尽量走大路、光线通亮的道路。如必须经过行人稀少、没有路灯设施的黑街暗巷，最好结伴而行。

青春期是女性一生中的最宝贵的时间，是人格的塑造期。青春期少女对社会还未形成一个比较深入全面的认识，应尽量避免性骚扰，远离性侵害，这样才能让自己健康、快乐地成长！

青春期女孩遭遇性骚扰怎么办

菲菲和莉莉在聊完刘丽丽的事情后，她们对刘丽丽的勇敢十分钦佩，同时，她们又有点担忧。

菲菲问："莉莉，如果我们真的遭遇到性骚扰怎么办呢？"

莉莉挠了挠头发，说自己也不清楚。

这时候，妈妈从房间走出来，说："其实，这要看具体情况了，比如，如果是在公共场合就好办……"

青春期的女孩朝气蓬勃，身体也逐渐发育成熟，最容易引起异性的关注，这其中不乏一些性骚扰者。女孩必须学会一些保护自己的措施，以对付性骚扰者。

女孩遇到性骚扰者，不外乎两种情况：

一、在公共场合遇到性骚扰者

这毕竟是在公共场合，只要了解性骚扰者做贼心虚的心理，就会有办法对付他们。因为身处公众场所，所以他们心虚、精神紧张，随时准备逃离现场。比如，在公共汽车上，如果车厢较空，尽可能躲开；但是当车厢人多拥挤的时候，低声警告，也可以大声叫嚷，还可狠狠地抓破他的淫手等。

1.倘若遇到坏人用挑逗性的语言、神态和动作来调戏，可视而不见，对其置之不理，让其知难而退。而对那些死缠烂打的纠缠者要严厉警告，不能麻痹大意。

2.对那些动手动脚的坏人，你首先应该警告他们，如果对方没有“收兵”的意思，你可以向周围群众揭露其丑恶行径，以引起周围群众对坏人的斥责和愤慨，从而得到大家的帮助。

3.如果坏人继续为所欲为，就要马上报警；如果无法报警，就要马上高声呼救。报警时，要避免离开人群，切勿在街上的电话亭打电话求助，尤其是僻静的路上的电话亭，以免在电话亭内被坏人抓住。

二、当女孩独自一人的时候，该怎么对付性骚扰者

1.你可以和路上出现的其他人搭话，让坏人以为你遇到了熟人，如此一来，他必然不敢轻举妄动。

2.对骚扰者高声呵斥，言辞要强硬，声音越大越好，以泼辣的姿态将其吓退。

3.如果坏人仍纠缠不休，可利用随身携带的一些物品，诸

如梳子、钥匙、瓶子等防身。

4.与坏人搏斗时要高声喊叫，尽量向灯光明亮处和人群中逃跑，同时打110报警。

5.记下坏人的相貌特征和穿着打扮，脱险后，马上打电话报警，向警方详细描述匪徒的情况。

总之，女孩在遇到性骚扰时，要想尽一切办法保护自己。

无论何时，女孩要有保护自己的意识

珠珠上高一了，正在谈恋爱，她的恋爱对象是赵刚。赵刚非常帅气，是某大学大二年级最帅气的男生。为此，很多女孩都羡慕珠珠，没想到她居然能够成为赵刚的女朋友。然而，珠珠其实很苦恼，甚至想到了分手。原因是，赵刚在谈了几个月的恋爱之后，总是缠着珠珠，让珠珠答应他的非分请求。

珠珠虽然也很爱赵刚，但是她知道，她现在还是一名高中学生，而赵刚也才大二，未来的生活还有很大的不确定性。况且，即使真的能够和赵刚走到婚姻的殿堂，她也想把最美的自己留到新婚之夜。为此，她拒绝了赵刚。赵刚接连几天都不理珠珠，珠珠很苦恼，却不能妥协。等到赵刚终于消了气来找珠珠的时候，珠珠很诚恳地说："赵刚，我很爱你，也想与你共度一生。早晚有一天，我会把自己毫无保留地交给你，但绝对不是现在。我们当前的主要任务是好好学习，父母辛辛苦苦供我们读书，我不能出任何差错。而且，我是很传统的女孩。如果你能接受，咱们依然是别人最羡慕的情侣。如果你还是像之前那样要求我，我只能说我做不到。即使你提出分手，我也能够接受。”听了珠珠的话，赵刚被感动了。他很懊悔地说：“珠珠，对不起，你说的是对的，是我错了。我不能因为别的同学在校外同居，就也这样要求你。在结婚之前，就让我们做灵魂的伴侣；等到新婚之夜，咱们再真正地融为一体吧！因为你的坚决，我不再怪你，反而，我一生都会为有你这样的伴侣而自豪。”

珠珠的坚持，换来了赵刚的尊重，虽然珠珠已经作好了分手的准备。珠珠是一个非常自爱自重的女孩，她很爱惜自己的生命之花，不愿意让她在最美的时候尚未到来之际就早早凋零。女孩们，你们也要向珠珠学习。对于男友的不情之请，一定要坦然拒绝，因为这是你的自由，也是你作为好女孩的权利！

任何一个青春期女孩都要明白一点，父母无法保护你一生。即使是喜欢你的异性，也难免会因为各种各样的原因做出伤害你的事情。女孩们，当你们的身体渐渐发育成熟，首先应该了解自己的身体构造。女性的身体是非常娇嫩的，如果不了解自己的身体，你就无法更好地保护自己。

不少女孩会在青春期陷入爱河，在这个还不懂爱的年纪，她们懵懵懂懂地跌入爱情的旋涡之中，自以为拥有真爱。为了所谓的爱人，她们愿意付出自己的所有。她们不知道的是，大多数青春时期的爱情，都会随着年龄的增长烟消云散。所以，女孩们，对于青春期的爱情，你应该学会有所保留。只有爱自己，别人才会更加爱你。

青春期的少男少女们，一旦坠入爱河，往往会不管不顾。尤其是男孩，因为荷尔蒙的作用，他们总是会对心爱的女孩提出更进一步的要求。青春期的情侣们，先是牵手，再到接吻，最终也许会偷尝禁果，做出不该做的事情。男孩们在这个年纪往往缺乏理智，他们还不知道感情为何物、责任为何物，却盲目地给女孩很多的许诺。女孩们呢？如果一味地沉浸于爱情之中，缺乏保护自己的意识，就会导致生命之花过早凋零。聪明的女孩不会仓促地奉献自己，人生有太多的不确定性，你以为的地久天长有时真的只是沧海一粟。对于男孩提出的非分之想，女孩们一定要坚定不移地拒绝。也许有的女孩会说，如果我拒绝了，他一定会说我不够爱他。女孩，你这么想就太傻了。你为何不反过来想想：如果他真的爱你，就不会对你提出这样的请求。一个值得托付的男生，不会为了一时的快乐赌上你的一生。这么想来，你拒绝他的时候完全可以义正词严，而不必有任何愧疚。爱情，是双方都要努力去呵护和维系的，而不是一方对另外一方的索取和强求。

青春期女孩怎样和男同学相处

进入中学以后，会出现一个奇怪的现象，一般情况下，女生会形成一个交友圈子，男生也有一个交友圈子，为了避免别人的口舌，男女生一般“井水不犯河水”。于慧就是这样一个女生，她好像从来不和男生说话，她是那么不起眼，无论是长相还是成绩，其实，她自己也很苦恼。

她在自己的日记中这样写道：“从小到大我都不能像正常女同学那样与男同学正常相处。如果一个男同学站在我旁边，我会很紧张。上课也不能专心，总觉得他们在看着我，看我有没有看他们。我很累，我很想像正常人一样。这种情况从初二开始变得越来越严重，那年我喜欢上一个男孩，我们班的，其实我也不知那是不是喜欢。当时我们班有好多谈恋爱的，我想我是太寂寞了，也想尝试一下。我不敢表白，每天静静地看着他的背影，我觉得很幸福。我比较内向，也很自卑。有一次，他发现了我在看他，于是也看向我，我立刻把眼睛移开。这时，我心怦怦跳，然后又开始看他。我渐渐喜欢上了这种目光碰撞的感觉。因为我总是偷偷看他，后来，他即便发现了，也装作若无其事的样子，有时候我都分不清我有没有看他。只要视线里有他，我上课便不能专心。后来我觉得全班人都知道我喜欢他了，总议论我，所以我不敢看他了。不仅对他，对班上的男生，我都不知道怎么相处。自习课时，我会把头埋得很低，因为这样我的视线范围就会很小，我就看不见我斜后方的男同学了，长此以往，我觉得所有男同学好像都很讨厌我，我很苦恼，我到底是怎么了？我该怎么和男同学相处呢？”

于慧的这种情况，很多性格内向的女孩都会有——不知道怎么和异性相处。我们也许有这样的体验：青春期的最初阶段，男女同学相处似乎比较困难，即使是童年时代很要好的异性同学，这时也会不自然地退避。男女同学在学习、娱乐及各项活动中界限分明，偶有接触也显得很不自然，不像儿童时代那样无拘无束、天真烂漫。这段时期，心理学上称为“异性疏远期”。同时，有些女孩或多或少地受封建落后观念“男女授受不亲”的影响，认为男女交往有伤风化。因此，慑于舆论、慑于所谓的名声，男女同学间壁垒森严、互不搭界。同时，有些早恋的女孩，与喜欢的异性之间又过于亲密。因此，很多女孩就有了疑问，到底怎样和异性相处呢？

一、尊重男同学是交往的前提

异性相吸是青春期发育的必然阶段。处于青春期的少男少女会产生一种强烈的想要接近异性、渴望交往的愿望，对于这种心理，很多女孩自己也不能说清楚。面对这种难以捉摸的感情，女孩往往会产生这样或那样的烦恼。

青春期女孩在男同学面前所表现出的种种不得体，主要源于不大了解男女相处的艺术、不了解异性相吸的自然性、夸大了异性的神秘感。如果改变了对异性的看法，女孩的行为也会有所改变。因此，女孩不妨大大方方地与男同学交往，坦承面对异性，慢慢地，就能用平和的心态与男同学交往了。

二、要培养健康的交往意识

提倡男女同学间的广泛接触、友好相处，不管是男同学还是女同学，不要先把性别作为是否可以接触的前提。男同学、女同学都是同学，同学之间不存在可以接触、不可以接触的问题，更不能人为地设置影响互帮互学、共同进步的心理障碍。

三、和男同学交往，要本着以事情为核心的原则

不妨在老师的指导下广泛开展集体性的活动，如勤工俭学、社会考察、参观访问、文体活动等。在集体活动中互相增进了解、沟通情感，清除由于不相往来而造成的隔阂。

四、与同学建立良好的友谊

学生时代的男女同学之间，应建立亲如兄弟姐妹那样的友谊关系，尤其是男女同学单独相处时，一定要理智处事、光明磊落，善于把握自己的感情。

青春期除了是女孩身体发育的时期，也是性格、人格等逐渐完善的时期，更是情感的萌发期。青春期女孩应该以坦荡的心态和男生交往，在交往的过程中，以尊重为前提，把握好度，注意一些问题。总之，女孩可以和男孩一起玩，但要表现得体，让彼此之间的情感限定在友谊的范围内，这也有益于消除异性在女孩心中的神秘感，有益于女孩身心的发展！

慎重对待网络朋友

李倩是个正上初二的学生，她平时很少说话，却有很多朋友，而这些朋友都是虚拟的，也就是一些网络朋友，除了“哥哥”“姐姐”外，还有“男朋友”。和男生不一样，她上网不是玩游戏，而是为了聊天、认识各种各样的人。别看她仅仅是个初二的学生，其实她是个地地道道的“网虫”。一般情况下，她都在网吧上网。

老师知道情况后，主动找到李倩谈心，问她：“家里没有电脑吗，你为什么要去网吧上网？”面对老师的发问，她不屑地说：“现在家里虽然都有电脑，但是爸妈管得紧，根本不让我和陌生人说话，有时候还会翻看我的聊天记录，一点自由也没有。”

当被问到通常在何时上网时，李倩说：“我一般把中午饭钱省下来，周末的时候就会去网吧待一天，这样就可以见到我那些朋友了！”

有段时间，李倩特别开心，据她说，她马上就可以见到她那些朋友了。这事被老师知道后，老师很快就联系了家长。果然，经过他们调查，李倩这些所谓的朋友都是在娱乐场所从事不正当职业。李倩的父母当时吓出一身冷汗，女儿差点被骗了。

后来，李倩痛苦地说：“我原来是班里的前三名，自从迷上了网络交友后，现在却是班里的倒数第三名，其中数学仅考27分，另外，还有4门功课不及格。网吧真是害死人！”当然，她也知道沉迷网络不好，影响学习和前途，可就是管不住自己，老是惦记着，这次还差点犯下大错。老师听完她的讲述后，给她分析了网络的利弊，希望她以后多加注意，对待网络朋友一定要慎重。

随着计算机技术的发展，网络正以前所未有的强大力量冲击并影响着人们的生活。它在发展青少年智力的同时，也有其弊端。网络使人像吸海洛因一样成瘾中毒，给网迷特别是青少年网迷的身心健康发展带来较大危害。

的确，现代社会，网络可以让两个不认识的陌生人畅所欲言地交谈，因为网络具有虚拟性和隐匿性的特点。但是，这也带来了一些弊端，如网上“交友”“聊天”以至“网恋”越来越泛滥。很多社会不良人士借此将魔手伸向了青春期的女孩子。因为青春期女孩缺乏自我控制和自我保护能力，很多青春期女孩更是单纯地认为网络中有纯真的友谊和恋情。其实，不尽然。当你对网络另外一头的那个朋友产生信任时，或许你正陷入危险之中。近年来，不法之徒利用网络对少女实施犯罪的案例不断出现，而少女因为迷恋网络而犯罪甚至丧命的悲剧也频频见诸新闻。

青春期女孩对待网络朋友一定要慎重，你可以审视一下，自己是否知道对方以下几条信息：

1.谈吐是否显示有素质？谈话可以看出一个人的修养。对于那些说话流里流气的人、毫无口德或者满嘴脏话的人要远离。

2.对方的资料是否较全？如果对方对自己的真实信息遮遮掩掩，你就要小心了，因为一个坦荡交友的人是不怕把自己真实的所在城市地址、年龄、职业写出来的。

3.是否有共同语言？这里的共同语言指的是，人生观、价值观等方面是否相同，而不是一些负面的思想。

4.交往持续多长时间了？时间是可以验证情感质量的。

当然，最关键的是自己始终要清醒地对待网络朋友：

1.保持警惕心。不要轻易告诉对方自己的真实住址、姓名、电话。除非交往时间很长，确认对方可以信任了。

2.最好能将网络与现实区分开，不要让网络影响现实。

3.尽量少跟已婚异性交往，对方是否已婚，一般可从其谈吐中辨别出来。

4.尽量不要单独会见异性网友，尤其是在晚间，防止被骗。

5.对方要求视频时，尽量回绝。

的确，青春期是渴望友谊的年纪，但交友渠道一定要正当，对待网络上那些朋友，一定要慎重，要学会保护自己，不要上当受骗！

第07章

身体是革命的本钱，女孩要追求健康的生活方式

青春期是人一生中最朝气蓬勃的年纪，是女孩身体发育、成长的重要阶段。这个时期的女孩要注意身体，要养成健康的生活方式，这样既可以让美丽驻足，还能更轻松、高效地学习，同时，也减轻了大脑的负担！

如何防治青春期常见病

玲玲的妈妈是妇产科的护士长，这天，感冒了的玲玲来医院打完点滴后，就来妈妈办公室找她。

玲玲看到，妈妈的老同学来了，玲玲进去的时候，俩人正在谈话，简单打了个招呼后，玲玲就自己玩自己的了。

这位阿姨说："现在的女孩子也不知道怎么回事，年纪轻轻的，一个个都容易得一些妇科病。我们还小的时候，可没见这些病，现在的女孩子是娇贵了呀！每天我们妇产科的门都被挤垮了。"

"是啊，青春期是美好的，也是危险的。青春期是各种病的突发期，尤其是一些女孩子，不注意身体的话，更容易引发一些疾病。"

"你呀，也要注意你们家玲玲的身体噢，有时间就经常带她到医院作一些检查，平时也要注意她的一些生活和饮食习惯，要预防女性青春期的常见病。有一个好的体魄，才能更好地学习嘛！"

少女是祖国的花朵，青春期是人生的开端，少女时期的疾病如果不及时防治，会给女人造成一生的生理、心理伤害。

少女疾病有生理造成的，也有心理造成，如心理因素造成的厌食、月经不调、发育滞后；病理生理因素如染色体异常造成的真、假两性畸形，各种妇科炎症，如外阴炎、阴道炎、盆腔炎，以及生殖系统肿瘤等。

青春期少女一般有哪些常见妇科疾病呢？

一、痛经

青春期女孩子痛经，看似不是什么病，但也要引起注意，因为痛经有不同的原因。一般来说，15岁以下的少女很少发生痛经，因为原发性痛经很少发生于无排卵周期，许多少女在初潮后，具有6~18个无排卵周期。继发性痛经和其他异常可能是器质性损伤的信号。

因此，任何主诉生殖器和下腹部疼痛的患者，均须接受妇科检查，而不管你的年龄如何，有无性活动经历。当然，少女的妇科检查一般是通过肛门指诊进行的。

二、月经不调

月经不调的症状，也有很多种原因，当然，也要视具体情况而定。许多少女的月经周期和血量均不规律，在初潮后的前几年中，月经周期间隔可达两个月或三个月，这是正常的，无须多顾虑。然而，如果间隔更久，出现继发性闭经，就要求医和寻求帮助。

三、下腹疼痛

正常来说，少女由于生殖器引起的下腹痛是不常见的，在这一年龄组中，发生下腹部疼痛的最常见原因是月经间痛和非典型性痛经。然而，偶尔也会遇到器质性损伤的情况，如卵巢肿瘤或卵巢肿瘤出现突然病变（扭转、出血和破裂）等也可引起下腹痛。所以对于主诉脐下腹痛的所有少女都要进行包括肛门指诊和腹部双合诊在内的妇科检查，决不可掉以轻心。

四、白带异常

女孩的身体是脆弱的，比如，会阴部，它比较薄嫩，没有脂肪垫和阴毛，得不到保护，易致损伤和感染。

有些女孩发现自己白带有点异常，如白带增多、颜色改变等，会担心自己是否有妇科病，于是，这些女孩不得不在母亲的带领下来医院看病。而实质上，白带的颜色和性状的变化是较为普遍的，如热水浴后白带颜色就会发黄。蛋白状、黏性、清澈透亮的阴道分泌物和肉质的阴道组织，常常成为白带的组成成分，它们都是雌激素对阴道上皮刺激的结果。不过，女孩遇到白带的其他变化时，应予以相应的检查以排除各种感染可能。

预防这些疾病的产生，青春期女孩需要做到：

一、注意个人卫生，尤其是做好外阴部位的清洁

女孩子要勤洗澡、勤换衣服，尤其是内裤，要做到一天换一次。另外，在清洗外阴时，下身不要泡在水中，以免脏水流进阴道，尽量用温水清洗。洗外阴的盆也要和洗脚盆

分开。

二、仔细挑选卫生巾

女孩在选择卫生巾上一定要注意，要选择质量可靠、适合自己的卫生巾，要柔软、透气，不要使用大吸收量的卫生巾。来月经时，要及时更换，不要让敏感的阴部受到细菌的侵袭。

三、要参加适当的体育活动

运动对于每个人身体的好处都毋庸置疑。运动可使大脑皮层的兴奋和抑制过程更加协调，使人精神愉快，从而缓解经期容易出现的情绪波动及烦躁。另外，适当的体育活动还可促进体内的新陈代谢，减轻经期盆腔充血和下腹部坠胀的感觉。

对于身体健康、月经正常的青少年来说，不可忽视运动的作用，但经期的女孩适合做些比较缓和、运动量不大的体育运动，如广播操、乒乓球、羽毛球等，且不宜时间过长。女孩还要避免剧烈运动，如耐力练习、快速奔跑、跳跃等。如有月经过多、痛经、月经失调等情况发生，经期不要参加体育课。

四、注意饮食

青春期的女孩，不要因害怕变胖而刻意节食，这对于身体是极为不利的。青春期身体代谢旺盛，需要补充更多的能量。同时，女孩要注意合理膳食，营养均衡。

五、注意保暖

经期的女孩要懂得保护自己，尽量不要接触一些生冷的东西，要注意保暖。避免淋雨、游泳或冷水洗澡、洗头、洗脚；也不要坐凉地，更不要吃生冷的东西，尤其是夏天，天气热也不能图一时痛快，冲凉和冷饮都要避免。

六、劳逸结合，睡眠充足，防止过劳

青春期女孩都有繁重的课业负担，但女孩一定要学会调节自己，尤其是要保持充足的睡眠。还要多吃蔬菜水果，多饮热水，不吃辛辣生冷等有刺激性食物，保持大便通畅。

七、保持精神愉快，情绪乐观、稳定

学习之余，可以多听听音乐，或做一些喜欢做的事情。

青春期的女孩们，要想有个健康的身体，就要养成良好的生活习惯，这样才能远离疾病，才能让自己健康、快乐，才能精力充沛地学习！

特别时期特别营养

小娟这次英语测试又拿了第一名，而她想要的奖励很简单，就是妈妈能带她去吃一顿炸鸡。但妈妈认为，青春期饮食健康很重要，不能再由着小娟的性子让她乱吃东西了。

傍晚的时候，妈妈正在厨房做饭，小娟回来了。

“妈妈，你今天做什么饭呢？”

“不做饭，晚上吃什么呀？”妈妈故意这样回答。

“我昨天的英语测试得了第一名耶，我已经跟你说了呀！”

“你得了第一名，和晚上做不做饭有关系吗？”

“不是每次我考第一名我们就去吃炸鸡腿吗？”小娟睁大了眼睛，好像很失望的样子。

“今天不去，以后也要少去吃。”妈妈说得很坚决。她看了一眼小娟，女儿似乎快要哭了。

“妈妈，你怎么能这样子，我就盼着去吃，结果你说不去。”

“你就让孩子去吧，她那么努力，我们就奖励她一次嘛！”爸爸在旁边劝着。

“不行！你知道吗，那都是些垃圾食品，吃了对身体有害无利。你看她，现在身体那么差，动不动就感冒，以后决不能由着她的性子，吃东西一定要注意营养。”

幸好，那天晚上，妈妈做了一桌子的菜，都是小娟喜欢吃的。不过，整个晚上，小娟始终闷闷不乐。

青春期的开始，标志着女孩豆蔻年华的到来，是人体生理发展的一个转折点，此时人体各个器官迅速发育成长，逐步成熟，因此对营养的要求也越来越高。为了使女孩在青春期健康成长，注意合理饮食至为重要。应当注意膳食的配备，食物品种多样化，尤其是应多吃一些营养丰富、含有优质蛋白质的食物。

一、青春期的女孩子在经期应该避免食用以下三大类食物，否则容易损害身体健康

1.生冷类：很多女孩子喜欢吃零食，尤其是冷饮、冰激凌等，这些食物是女孩子在月经期的禁忌。另外，还有一些寒性食物，如梨、香蕉、荸荠等。这类食物如果单就食物药性来说，具有清热解毒、滋阴降火的功效，在平时食用，都是有益于人体的，但在月经期则应尽量不吃或少吃这些食品，否则容易造成痛经、月经不调等症状。

2.辛辣类：辛辣类的食物一般也是女孩子的偏爱，尤其是口味重的女孩，她们喜欢在平时的食物中放入很多的作料，如肉桂、花椒、丁香、胡椒等。虽然在平时稍微多食用些无甚大碍，但在月经期，女孩不宜食用这些辛辣刺激性食品，否则容易导致痛经、经血过多等症。

3.影响性功能的食品：菱角、茭白、冬瓜、芥蓝、蕨菜、兔肉、黑木耳、大麻仁。

二、不要忽视早餐的作用，要保证身体热量的正常供应

青春期，人体对热量的需求较大，对于女孩子来说，每天需要的热量为2600~2700卡，要比成年人多。这些热量主要来源为糖、脂肪和蛋白质。而有些人不吃早饭或不吃饱，热量的供应明显不足，必将会影响生长发育，所以早饭一定要

吃好。

三、青春期对于蛋白质、矿物质、水分的需要相当大，而且营养要全面

女性在青春期最显著的特点是：性腺（卵巢）的发育、成熟和月经来潮。而性腺的发育，需要优质蛋白的参与，因此，每天应摄入一定量的奶或奶制品、瘦肉、鱼、蛋等食品。如有可能，每天可饮半磅牛奶。为了补充铁质防止贫血，平素要多吃些含铁丰富的瘦猪肉、蛋、鱼等；各种动物的血也是补血佳品，价钱又便宜，可以进食一些。

要保证食物类型的多样性，这是保持蛋白质供应充足所必需的。女性对蛋白质的需要约为80~90克/天。不同的食物中的蛋白质的组成即氨基酸的种类不尽相同。

多食用些含锌的食物，可助长高。青少年缺锌可能导致个子矮小，而补锌可帮助孩子长身体。一般来说，动物性食物比植物性食物含锌量高，如瘦肉、牛肉、黄鱼和其他海味食品含锌量都较高；此外，植物性食物中，粗面粉、黄豆、苹果含锌也较多，可经常食用。对于精米、富强粉宜少食用，更不应该为使身体苗条而限食动物性食物。

四、进入青春期的女孩在吃饭前后注意休息

在进食的前后，如果运动，则胃肠道的血供应就会减少，必然导致胃肠功能减弱，引起消化不良及一系列的胃肠毛病。所以，进食前后要注意休息，以保证胃肠的供血。

青春期的女孩子，在保证营养供应充足的情况下，要有良好的生活作息，还要配合适当的运动。运动以有氧运动为主，如步行、骑自行车、跳绳、体操等，但不可运动量过大，尤其是处于经期时，运动量过大，会加大月经量，甚至导致月经不调等。

适量运动和合理营养结合，可促进青春期少女生长发育、改善身体机能、提高耐久力、减少身体脂肪和改进心理状态等，这对于提高以后的生活质量和健康水平起着重要的作用。

科学地帮助乳房发育，不做“飞机场”

最近，王太太发现，女儿婷婷很不开心，平时叽叽喳喳的她回家一声不吭。王太太看出女儿的不对劲，问她出了什么事，婷婷支支吾吾地说了前因后果，说完以后，婷婷语出惊人：“妈，要不您带我去医院做个丰胸手术吧，这电视上的广告不是很多吗？”

王太太听完女儿的话，吓了一跳，这么小的女孩竟然就有这么奇怪的想法。不过她也能理解，一个成年女性被人称为“飞机场”都会很尴尬乃至自卑，更何况一个未成年的少女呢？

为了消除女儿的负面情绪，王太太给婷婷讲了一些道理，告诉她在青春期如何帮助乳房发育。

女性乳房是集哺乳功能及特有的女性美象征为一体的器官。在现代社会，随着文明的发展和服饰的变化，女性乳房“美”的功能被人们高度重视，成为女性美的必备条件。每一个女性都希望有一对丰满且富于弹性的乳房，使之构成女性特有的流畅、圆润、优美的曲线。大小适度、形态正常的乳房是妇女体态健美和显示特征的标志之一。乳房过小，使妇女的胸壁扁平，失去正常的凸凹起伏轮廓，常见于两侧。如发生在一侧，则使胸部左右对称失调。乳房过小，可引起情绪不安（尤其是青年女性），或给从事某些职业（如文艺、外事、体育工作）的人造成体型上的不利条件，由此，丰胸产品应运而生。

女孩子进入青春期后，开始意识到自己的身体正悄悄地发生变化。所谓爱美之心，人皆有之，很多青春期少女为了拥有魔鬼般的身材，也开始偷偷使用丰胸产品或者进行丰胸手术，殊不知，青春期女孩盲目使用丰胸产品，有着极大的危害。

少女正处在生长发育的旺盛时期，自身卵巢原本就会分泌雌激素，而且比任何时期的分泌都旺盛得多，而一般的丰胸产品，基本原理就是刺激雌激素的分泌，这虽然会促使乳房发育，但也会导致身体内激素紊乱。如果女性体内雌激素水平持续过高，就可能使乳腺、阴道、宫颈、子宫体、卵巢等患癌瘤的可能性增大。常用的雌激素有苯甲酸雌二醇、乙烯雌酚等。滥用这些药，不但易引起恶心、呕吐、厌食，还可导致子宫出血、子宫肥大，月经紊乱和肝肾功能损害。

那么，青春期的女孩子该怎么样科学地帮助乳房发育，不做“飞机场”呢?

一、要注意营养的摄入

青春期是长身体的阶段，每天都需要充足的能量和营养元素，青春期女孩应该多吃鸡蛋、鱼、肉等蛋白质含量高及水果、蔬菜等富含各种维生素的食物，以利于增加胸部的脂肪量，保持乳房的丰满。

很多女孩子爱美，羡慕时尚人士的纤瘦，也希望自己拥有魔鬼般的身材，于是节食减肥。其实，这是不可取的，是因小失大。青春期需要比其他年龄段更多的能量和营养的摄入，节食，不仅对身体无益，也无法供应乳房发育所需要的营养，这就是很多偏瘦的女孩子乳房较小的原因之一。

二、适当地运动

健是美的基础。要保持乳房的健美，乳房韧带的韧性和胸部肌肉群的弹性是十分重要的。青春期女孩经常参加体育锻炼和运动，有利于机体内分泌的平衡，这对于保持乳房的丰满是很重要的。另外，女孩可进行一些增加胸肌群的运动和有利于乳房发育的运动。具体说来，有以下几种，女孩子可以按照这些方式练习：

1.俯卧撑。双膝并拢跪在地上，双脚抬起，俯身向前，双手着地与肩同宽，保持背部挺直及臀部收紧；慢慢屈臂至胸部触到地面，再慢慢将身体向上推，回到原位。为保持胸部肌肉持续的紧张状态，在移到最高点时不完全挺直肘关节，重复10次。做此练习时，胸部一定要挺起，不要下垂，腹肌收紧，当身体放下时，腰不要塌下。

虽然这个动作相当累人，但它已经被公认为最有效的丰胸运动。只要养成每天做的习惯，不但能丰胸，还能缩小腹部。实际上，做俯卧撑本身并不能使乳房增大，因为乳房里并无肌肉。但通过锻炼能使乳房下胸肌增长，胸肌的增大会使乳房突出，看起来胸部就变得丰满了，而且会增加弹性。

2.游泳：练习蝶泳和自由泳。游泳是一个很好的丰胸运动。游泳时上肢活动量大，呼吸深而有节奏，加上水的阻力，就像是胸部肌肉在进行负重练习，可使胸部肌肉群的力量和弹性增加。这是使乳房健美的一种简易的方法。

3.体操。双手在胸前合十，手肘尽量抬高，左右互推；收腹挺胸，用肩膀的力量尽量使手臂向上伸直，不要踮脚尖，腰部以下不要用力；双手在身后合十，尽量后伸。

第一个动作可锻炼胸部韧带，使胸部更加挺拔；第二个动作能锻炼胸肌、托高胸部 ；最后一个动作可调整脊椎和肩膀的宽度，防止胸部下垂。

三、注意穿戴合适的胸罩

为了尽量避免在运动时对乳房造成损伤，尤其为了防止乳房下垂、外扩等情况的发生，青春期的女孩要及时穿戴胸罩。并且，在选择时，要注意胸罩的尺寸是否合适，因为太紧会限制乳房的发育，太大又不能起到保护作用。

四、按摩

乳房按摩不仅可促进胸部肌肉群的活动，增加其张力，而且可通过皮肤直接地刺激乳腺，使乳腺发达，达到丰胸的目的。具体方法是，用自己的双手交替按摩乳房。即用右手按摩左侧乳房，左手按摩右侧乳房，先从乳房下侧逐步向上至腋下间的皮肤。因为人体的经络，如肝经、肾经和胃经等都是通过这里通向乳房的。按摩一般可在晚上睡眠前进行，也可在早晨起床前或淋浴时进行。每日按摩1~2次，每次10~15分钟，一般坚持3个月就能收效。

如何摆脱失眠的困扰

薇薇在初三那年，有段时间严重失眠。薇薇所在的城市，初中实行初三分流班制度。初二期末，学校重新分班，因为成绩突出，薇薇被分到了A班。新的班主任要求得特别严格，她一下子适应不了，整天精神都处于紧绷状态，直到晚上睡觉仍然放松不下来。她脑子也变得异常兴奋，总是在想白天的学习情景，包括白天做过的题、老师留的作业，满脑子感觉都要爆掉了，不愿去想，却又控制不了，因此总是弄到很晚才睡。

薇薇次日早上一醒来，跳入大脑的第一个感觉就是：我昨晚觉得自己没睡好。接着，她就开始担心白天上课会无精打采，会注意力不集中，会造成学习低效率……她越想就越担心，白天上课果然就真的没精神。这种消极暗示又导致她晚上睡不着，而越睡不着就越担心。接连几天，她都是这样度过，由此，一个恶性循环形成了。薇薇每次入睡前都在努力让自己快点入睡，而这种努力实际上更让自己的神经处于兴奋和紧绷状态，与睡眠状态的抑制和轻松恰恰相反。这导致她越是努力想入睡，就越是睡不着，进而产生焦虑、急躁等消极情绪。

薇薇的这种情况就属于失眠。判断自己是否失眠，可以根据卧床后进入睡眠状态的时间而定，正常人大多数在上床后三十分钟以内便可入睡且持续四到十个小时；而失眠的人上床后很长时间也不能入睡，即使入睡也很难维持睡眠。失眠会影响一个人第二天的精神状况、学习和工作的效率，一般情况下，失眠的人在次日醒后不能恢复精神，白天精神不振、恍惚等，他们常被失眠困扰。

失眠常由心理、生理因素造成，最多见的为学习压力过大、社会竞争激烈等。对于处于青春期的女孩来说，除了有学习压力、考试焦虑外，还可能存在因为身体发育、人际关系处理不当而导致的精神紧张。另外，一些生活变故，比如，失去亲人、意外打击等，都会导致失眠。除此之外，还有其他躯体疾病，是由用药，中毒或环境因素引起的，如患有疼痛与明显不适感的躯体疾病患者，内分泌疾病患者，长期服用中枢兴奋剂、抑郁剂患者等在用药期间或停药之后均可出现失眠或睡眠维持困难等现象。

青春期是每个女孩一生中的特殊时期，是身心全面发展的一个时期，不论是身体还是心理，在这时都有很大的变化。这个时期的女孩子必须要保证充足的睡眠，这样才有益于身心的发展。对此，有些女孩不禁感叹：最近失眠来袭，怎么办?

青春期女孩失眠的原因有很多种，有生理因素，如月经期或者身体不适的时候。女性在第一次来月经、怀孕或进入更年期时，就会变得更加容易失眠。青春期女孩从第一来潮开始就伴随有荷尔蒙的起伏和铁的缺乏，这些都会影响睡眠。之后，与荷尔蒙相关的睡眠问题会更加普遍。而一些精神上的原因，如抑郁，往往也会导致失眠。女孩如果睡得不好，情绪就会低落，带着消极低落的情绪去学习，效率自然不高，同时，也会影响女孩的身体发育。

很多女孩误以为安眠药会解决这一问题，其实，安眠药有很大的依赖性，并且伤害身体。

失眠的青春期女孩最好用以下方法，尝试着解决失眠的问题：

第一，把心中的郁结向自己的朋友或老师、家长吐露出来，排遣掉心中的不快。

第二，你可以在睡前做些运动，如舒展一下筋骨，但别剧烈运动。也可以睡前泡脚，放松精神。

第三，从根本上解决问题，让自己的白天充实一点，当你觉得自己充实地过完一天的时候，也就能安心休息了。

第四，保持好的作息习惯。

睡眠是人正常的生理需求，每个人都希望自己有高质量的睡眠，继而以饱满的情绪面对第二天的生活和学习，不过，任何人在其漫长的一生中，都难免会遇到失眠的情况。精神创伤、药物、浓茶也可能导致失眠。青春期的女孩在面对失眠的时候要尽量找出失眠的原因，解决失眠问题，拥有良好的睡眠质量，才能精力充沛地学习和生活！

女孩也会神经衰弱吗

小菊小时候跟着爷爷奶奶在农村生活，吃了很多的苦，进了城里的中学后，她学习特别刻苦，因为她觉得爸妈把自己送进城里的重点中学读书不容易，自己不能比城里的女孩成绩差，她要证明给所有人看自己是成绩最好的。

因此，在平时，大家玩的时候，她也一个人坐在教室复习功课，学校组织的郊游她也不去，甚至是一些劳动活动她也不参加，因为她要把所有的时间放在学习上。就这样，第一学期的期中测验，她得了班上第一名。为此，她更加确定自己要努力，要争取拿全校第一。

每天，她抱着这样的想法生活，甚至吃饭的时候也在想数学题的解答方法，晚上做梦都会想到物理公式的演算方法。就这样，在一个月的时间内，她发现自己已经无法入睡，白天精神恍惚，食欲不振，还喜欢发脾气。同一个单词，以前记一遍就能记住，现在就算是记住了，过后就会忘记。后来，她的爸爸妈妈不得不带她到医院检查，心理医生说，她是因为用脑过度而导致了神经衰弱。

多思、敏感几乎是所有少女共同的正常心理特征。正是因为这些心理特征，青春期的女孩很容易出现神经衰弱的症状。据分析，很多少女之所以会神经焦虑，是有一些原因的，她们长期过于敏感、过度紧张，引起大脑神经兴奋与抑制失调。由于失调，身体便会出现不适感。而反过来，这种身体的不适又会影响她们的思维，致使大脑功能进一步紊乱，慢慢地，就形成一种恶性循环。而很多女孩子会误以为自己得了不治之症，把精力、注意力全部集中在病上，陷入不能自拔的境地，以致影响到正常的学习、生活乃至自己的健康。

神经衰弱的症状一般是：一是容易兴奋，对刺激极为敏感，表现为多疑、敏感、偏见、固执、易激动、爱生气、脾气古怪；二是容易疲劳，特别是在进行看书、学习、写作等脑力劳动时更明显，表现为记忆力减退、头脑昏沉、注意力不集中等。

少女进入青春期后，和童年时代会有很大的不同，这也是成长的烦恼。她们逐渐变得敏感，更在意周围人对自己的看法，对自己的形象也更注意，于是，她们变得情绪不稳，这是正常的。但有些少女发展到看问题易偏执，这就使少女对人与人之间的关系很敏感，特别是对与自己有关的人际关系更敏感。另一方面，一些少女又对神经衰弱的各种症状缺乏正确的认识和态度，怀疑自己得了“不治之症”，以致精神更加紧张、病情更加严重。所以，为防止和消除神经衰弱，少女应该恰当地把握感情的敏感度，努力做到以下几点：

一、肯定自己，接受自己

每个人都活在社会中，因此，谁都会在意别人对自己的评价，但人不能活在别人的眼光中。而现实生活中，就是有这样一些女孩子，她们过分敏感，这种生活态度会给女孩带来很多麻烦，也会令女孩很累。对此，女孩要想摆脱这种心理，就要学会肯定自己、接纳自己，这样，当别人看你时，你就能大胆地接受别人的眼光，然后活出自我。

二、大方为人处世，别为小事斤斤计较

生活中不如意的事太多，人与人交往，也避免不了矛盾。对此，你如果紧盯着矛盾，对那些不必在意的事过分纠结，无异于自寻烦恼。其实，有些小事既然已经发生了，你不妨把它当作雨过云消。

三、认识自己，善待自己

要认识到自己不能代替别人，别人也不能代替自己；别人不会事事赛过自己，自己也不可能事事出人头地。要有为大局着想的胸怀，敢于公开自己的优缺点，而不尽力去掩遮一切；要有“走自己的路，让别人说去吧”的勇气。

四、充实业余时间

一个生活充实的人，往往在精神上也是充实的，充实的精神世界一般能避免焦虑、敏感。因此，青春期女孩不妨多参加集体娱乐或读点自己感兴趣并有益的书籍。另外，坚持经常性的体育锻炼，也有助于防止“心理过敏”现象的发生。

五、采用“今日事，今日毕”和“坐言不如起而行”的生活态度

有神经衰弱倾向的人，一般来说，心理机能都会减退，耐力也会不足。他们会对必须付诸行动的行为犹豫不决，或者

针对还没有实行而产生的结果瞻前顾后，虽然知道这种想法是无意义的，却无法有所行动。有这种倾向的女孩，应该丢弃这种生活态度。

因此，青春期女孩，当自己患上神经衰弱时，一定要弄清神经衰弱的主要原因。除了因精神过度紧张、敏感、多虑外，身体原因也不能排除，如身体上的过度劳累、生活不规律等都会导致神经衰弱。只有查明病因，才能对症下药。总之，女孩一旦发现自己神经衰弱，就要及时治疗，然后形成正常的生活规律，树立战胜疾病的信心，再辅以适当的药物，这样坚持下去，神经衰弱就一定会离你而去。

而对于预防神经衰弱，青春期少女应该恰当地把握感情的敏感度。你不妨试着做以下几点：要学会认识自己，善待自己；要认识到自己不能代替别人，要敢于公开自己的优缺点，而不尽力去掩遮一切；节制自慰；要有走自己的路的勇气，不计较小事，把它当作雨过云消，计较起来只会让自己烦恼；多学习知识，充实业余时间，这些都有助于青春期少女远离神经衰弱症。如果自我调节不能缓解青春期少女脑神经紊乱、易疲劳等神经衰弱症状，就应该及时咨询医生。

青春期女孩面部皮肤保养有讲究

玫玫是一名初中二年级的女生，青春期的她有很多苦恼，其中就包括脸部的油脂分泌过多，她总感觉自己的脸油乎乎的。为此，她悄悄去买了些控油的产品回来洗脸。恰好，她这天洗脸时，被妈妈看到了。

“玫玫，你这款产品不适合你，这是青中年人用的，会伤害皮肤。青春期的女孩需要保养皮肤，但要用对方式和产品。”妈妈语重心长地说。

青春期是人一生中最朝气蓬勃的年纪，这个时期，女孩的皮肤白里透红、不需要任何人为的修饰都水润嫩白；但青春易逝，年华不再，青春期的女孩也要注意面部的保养，延缓衰老和防止外界对皮肤的伤害。当然，这些面部的保养和一般意义上成年女性的美容保养是不一样的。那么，女孩该如何保养自己的皮肤呢?

1.先给皮肤补水，皮肤水润了才能考虑其他的。可以多喝白开水，吃新鲜水果、蔬菜等。

2.脸上有斑的女孩应该注意：若是晒斑，则是可以根除的；若是雀斑，说实话，是不能根除的，只能淡化，不要相信任何的祛斑产品！

3.注意防晒。四季的紫外线照射其实是一样的；在家不出门也有紫外线照射，所以防晒是一天最重要的事。

4.注意皮肤清洁。每天洗两次脸，早上洗掉脸部在夜间分泌的油脂，晚上的重点是清洁皮肤。睡前一定要洗脸，最好用温水洗脸，洗干净脸后再用冷水泼脸，以提高皮肤弹性，这对皮肤补水有较大作用。洗完脸后一定要擦柔肤水，柔肤水有再次清洁皮肤的作用。

5.不要用短时间就能美白的产品。含铅汞多的产品最好不用，会有依赖性，用时间长了再换别的产品易过敏。

6.眼霜一般建议25岁以后再用，这样效果更好；25岁以前，皮肤暂不需要那么多营养。

4.建议不要化妆，化妆品会堵塞毛孔；若化妆了，临睡前一定要用卸妆液卸妆，不然，一旦堵塞毛孔，脸上会起疙瘩或因色素沉淀起色斑！

8.去角质的护肤品最好别用，它会使你角质层越来越薄，皮肤越来越敏感。

9.不要长时间食用辛辣食物（辣椒、麻椒），不要喝茶水、碳酸饮料或咖啡之类的饮品，对皮肤没有好处，建议多喝白开水或绿豆汤，既能美容排毒，又能防止中暑。不要多吃油炸食品、含铅量多的食物，这样也会因色素沉积而起色斑。

10.注意多休息，保证充足睡眠。

11.当然，还要保持良好的心情，这也是对抗衰老的重要方法。

以上是青春期女孩面部保养和护理的十一个方面，青春期本来就是美丽的，不需要过多地修饰，只须一定的保养，就可以留住青春！

青春期刷牙护牙有讲究

这天，小琳跟着爸爸妈妈来医院看牙。医生一看到小琳的牙，就说："以后少吃点甜食和炸鸡那些东西，你这牙呀，完全是你自己给吃坏的。你自己照镜子没有，牙齿上都是窟窿。"小琳的妈妈说："都是我的错，这孩子，从小体弱多病，我就让她多吃，只要是她喜欢吃的，我们都给她买。这不，来的路上还买了薯片呢！"

"这牙疼还是小问题，要是真得了什么病就不好治了。女孩子嘛，一副雪白健康的牙齿多好看！"

小琳觉得医生说得很有道理，点了点头。

刷牙是每个人每天的例行工作，不过，青春期女孩也许不知道，刷牙也有一定的讲究，应采用科学的刷牙方法。

正确的刷牙方法是顺牙缝竖刷法。这种刷法能把刷毛伸到牙缝里，所以清齿效果好。具体刷法大致是：将牙刷放在牙齿及牙床的交界处，使刷毛与牙齿呈45度角，然后，转动刷头顺着牙缝刷上牙时，从上向下刷，刷下牙时从下向上刷。掌握正确的刷牙方法，可以清除掉黏附在牙齿表面的细菌和软垢，不给附着在牙齿表面的细菌产酸腐蚀牙齿的机会，可以达到预防龋齿的目的。另外，还要合理安排刷牙时间，每天最好在早晨起床后及晚上临睡前各刷一次牙。

除了正确地刷牙外，女孩还要保护好自己的牙齿。

一、选择合适的保健牙刷

保健牙刷刷头小，刷毛软硬适中，排列疏密，在口中转动容易把牙齿洗刷干净。一般来说，一把牙刷使用的期限为1~3个月，发现牙刷的毛有弯曲或外翻时应及时更换。

二、使用合适的牙膏

现在市场上的牙膏大多是药物牙膏，对牙齿的保健有一定的辅助作用。女孩应根据本人牙齿的具体情况选购牙膏。含氟的牙膏能抑制龋齿的发生；洗必钛牙膏能帮助消除牙床的炎症；留兰香叶绿素牙膏含有“叶绿素”制剂，能防止发酵、去除口臭，洁齿力强；脱敏牙膏能防治牙齿的各种过敏现象。

三、尽量不吃对牙齿不好的食物

少吃黏滞性高（如饼干）、含糖及精制的糕饼类等容易导致蛀牙的食物，否则容易形成酸性环境，对牙齿非常不好。新鲜水果比较好，因为含有纤维，咀嚼的同时也具有清洁的作用。女孩要尽量少喝碳酸饮料。

女孩要正确地刷牙，并采取一些护牙措施，这才能让自己拥有整齐洁白的牙齿，如此，你的笑容也会更灿烂！

养成健康的生活习惯，预防驼背

小荣有个双胞胎弟弟，她很奇怪，为什么自己吃得比弟弟多，长得也比他高？男孩不是应该比女孩高，吃得比女孩多吗？周围的邻居也总是笑话她，说一个女孩长太高了不好看。后来，她走路的时候就弯着腰，坐着的时候也含着胸，久而久之，她便养成了这样的坏习惯，并且变得有点驼背。

生活中，很多青春期女孩在读书写字的时候养成了一个坏习惯——含胸驼背，佝着走路，结果成了小驼背，本来挺拔的身体一下子难看了很多。其实，驼背是不良生活习惯造成的，养成健康的生活习惯，就能预防驼背，你就可以获得完美的背部曲线。

1.注意端正身体的姿势，平时不论站立、行走，背部自然挺直，两肩向后自然舒展。坐时脊柱挺直，看书写字时不过分低头，更不要趴在桌上。人们所说的要“站如松，坐如钟”是有一定道理的。

2.正在发育的青春期女孩最好睡硬板床，以使脊柱在睡眠时保持平直。

3.加强体育锻炼。认真上好体育课，做好课间操，促进肌肉力量的发展。在全面锻炼的基础上做矫正体操。矫正体操有很多种，有各种形式的徒手操，有利用各种体育器械的矫正操。矫正驼背主要以增强背肌力量、挺直躯干和扩张胸廓为主。要消除驼背，就要注意克服上述不良习惯。平时走路、跑步挺胸抬头；每天早晚，躺在床上，肩部搭在边沿处，仰卧，头部悬空，用手向后做摸地的动作；白天休息时也可以这样做，慢慢地就会有所改善。午睡时间控制在半小时左右为好，长睡有利于恢复体力，短睡有利于恢复脑力。

另外，女孩可以经常做一些有利于背部发育的体操。比如：

一、单臂哑铃划船

这个动作主要锻炼你上背部的肌肉。双腿分开等肩宽，膝盖弯曲，胸部前倾，右手按在左侧膝盖上，左手持哑铃向脚尖方向尽量放长，然后用背部的力量回拉至臀侧，注意胳膊不要弯。请你控制好速度。左右交替进行，一边2组，一组15次。

二、俯立侧平举

双腿分开站立，膝盖弯曲，胸部向前倾，但是背部始终保持挺直。双手持哑铃，向两边水平提起，感觉到背部肌肉在用力。重复此动作2组，每组20次。

三、俯立挺身

两腿并拢站立，双手置于脑后交叉，也可以向水平方向打开。上身尽量前倾到身体成90度然后回来。重复此动作3组，每组20次，动作要慢。

四、俯卧挺身

主要练习下背。平直地俯卧于地板上，腹部紧贴地面。双手交叉置于脑后，轻轻地抬起头部，使胸部离开地面。注意不要用力过猛，然后回落，请你控制好速度，重复此动作2组，每组15次。

五、仰卧抬腿

平躺在地上，双腿分开，膝盖弯曲。然后用手臂和脚的力量撑起身体，使你的背部、臀部和大腿都离开地面成一直线。保持这个姿势，然后将你的左小腿向斜上方伸直，再慢慢回落。 在动作中，请你注意背部肌肉的紧张。这个动作每侧重复15次为一组，共做2组。

学习是学生的天职，但不要因为学习让健康和美丽受到威胁，养成良好的生活习惯，就可以二者兼得！

怎样增强记忆力

这天，姚女士在看电视，女儿秀秀走过来，对她说：“妈妈，我是不是老了啊？”

“怎么了，女儿？看你好像心情不大好。”

“我发现自己记忆力很差，刚背的单词都会忘，不是只有老年人才没什么记性吗？再要不就是我太笨了。”秀秀很委屈地说。

“不是的，青少年需要学习、记忆的内容太多，难免忘了一些，以妈的经验，你可能是没有掌握正确的记忆方法，另外，你还需要补脑……”

记忆，就是过去的经验在人脑中的反映。它包括识记、保持、再现、回忆四个基本过程。其形式有形象记忆、概念记忆、逻辑记忆、情绪记忆、运动记忆等。记忆的大敌是遗忘。

记忆力差是很多青春期女孩苦恼的事情之一，课上学的知识很快就忘记了；有时候一个单词本来已经熟练地记下了，可很快就忘记了；做事丢三落四。这就是记忆力差。事实上，记忆力也是可以增强的。

记忆力可以通过训练得到提高。古今中外，很多名人学者都很注意用各种方法来锻炼自己的记忆力。比如，俄国大文学家托尔斯泰说过：“我每天做两种操，一是早操，一是记忆力操。我每天早上背书和外语单词，以检查和培养自己的记忆力。”托尔斯泰的“记忆力操”实际上就是反复“复现”。只要你有计划地“复现”，你的记忆力一定会不断增强。

增强记忆力，除了前面我们已经阐述的方法外，你还要注意：

一、养成良好的饮食习惯

科学研究证实，饮食不仅是维持生命的必需品，对于大脑的正常运转也发挥着十分重要的作用。有些食物有助于发展人的智力，使人的思维更加敏捷、精力更为集中，甚至能够激发人的创造力和想象力

二、注意补脑

一些健脑食品，其实是常见的物美价廉之物。如蛋黄、大豆、瘦肉、牛奶、鱼、动物内脏、胡萝卜、谷类等。这些食物不仅含有丰富的卵磷脂，且容易消化，对儿童脑髓的发育也有积极的作用。

1.牛奶。牛奶是一种近乎完美的营养品。它富含蛋白质、钙及大脑所必需的氨基酸。牛奶中的钙最易被人吸收，是脑代谢不可缺少的重要物质。此外，它还含对神经细胞十分有益的维生素B_1等元素。当因用脑过度而失眠时，睡前一杯热牛奶有助入睡。

2.鸡蛋。大脑活动功能、记忆力强弱与大脑中乙酰胆碱含量密切相关。实验证明，吃鸡蛋的妙处在于：当蛋黄中所含丰富的卵磷脂被酶分解后，能产生丰富的乙酰胆碱，其进入血液后又会很快到达脑组织中，可增强记忆力。国外研究证实，每天吃1~2只鸡蛋就可以向机体供给足够的胆碱，对保护大脑、提高记忆力大有好处。

3.鱼类。它们可以向大脑提供优质蛋白质和钙。淡水鱼所含的脂肪酸多为不饱和脂肪酸，不会引起血管硬化，对脑动脉血管无危害；相反，还能保护脑血管，对大脑细胞活动有促进

作用。

三、不抽烟、喝酒

酒精会对神经产生麻痹作用，对人体有害，尽量不喝。但可以少量饮些葡萄酒，因为葡萄酒中的抗氧化物质含量高过其他任何水果和蔬菜，且可以提高神经系统的传输能力。除了益寿延年，葡萄酒还可以在短期内增强记忆力。

早睡早起，遵循有规律的作息时间

这天晚上，都12点了，雯雯还在房间玩手机。妈妈看见雯雯房间的灯还亮着，就站在房门外，等雯雯把手机上的游戏打完，然后敲开了雯雯的门。

“雯雯，你知道几点了，对吧？不早了哟！”

“我知道，可是明天周末呀，没事的。”雯雯为自己找借口。

“可是你知道吗？你今天晚睡，明天就要睡懒觉，明天晚上又会睡不着，循环往复，你的作息时间就会被打乱，伤身体不说，还会影响你的学习效率。”

“嗯，妈妈你说得对，健康的前提还是要有规律的作息时间……”

良好的生活习惯，源于平时作息时间的保持。不少青春期女孩缺乏这种作息时间观念，更谈不上养成。只有合理安排好自己的作息时间，使生物钟能够保持正常的周期，人体才会感觉到精力旺盛。大量资料表明，凡是生活有规律、勤劳而又能劳逸结合的人，不仅工作效率高，而且健康长寿。因此，青春期的女孩一定要遵循正确的作息时间。

一般情况下，孩子们在家和在学校的作息时间执行情况往往有很大的区别。由于学校里作息时间非常统一，并且有专门的老师负责上课、下课和教学活动，因此，孩子们在学校里的作息时间基本上比较有规律；但是，一回到家里，许多孩子便变十分散漫，这让很多家长非常头痛这种散漫的习惯，往往令孩子们没有学习好也没有玩好。为了解决这个问题，青春期女孩们一定要规划好自己的作息时间。比如：

晚上9~11点：这段时间是免疫系统排毒时间，此段时间应安静下来或听音乐，完全放松身心，进入睡眠的准备状态。

晚间11点~凌晨1点：此时，肝脏在排毒，须在熟睡中进行。

凌晨1~3点：胆排毒时间。超过12点睡觉的人，即使睡够了8小时，他还是不能解乏，一个重要的原因，就是到了肝胆解毒的时间他没有睡觉去解毒，而是在拼命学习、打游戏、唱卡拉OK，以至于第二天早上起床后精神萎靡不振。

凌晨3~5点：肺排毒时间。有些人总是半夜咳嗽加重，不明白是怎么回事。为什么白天不咳嗽，而到了半夜就咳嗽？这是因为人体排毒的动作走到了肺。其实这是一个好的现象，证明人体自洁的功能在起作用。这时，不应用药进行止咳，以免影响废物的排出。

半夜至凌晨4点：为脊椎造血时段，必须熟睡，不宜熬夜。

清晨5~7点：大肠在排毒，应上厕所排便。很多人晚上不睡，早上自然就起不来。由于想睡懒觉，早上不起床，而一起床后马上就要赶着去上学上班，因此来不及大便，只能改成晚上或其他不确定的时间大便，这实际上是强行改变人体的生物钟，时间长了对人身体没有好处。

早晨7~9点：小肠大量吸收营养的时段，应吃早餐。很多人都有不吃早餐的习惯，久而久之，就容易得胆结石。

总之，青春期的女孩，你一定要明白充足的睡眠的重要性，养成早睡早起的好习惯。休息好，身体才会好，学习效率才会高，打疲劳战只会起反作用。

生命在于运动，做爱运动的阳光女孩

小玉是个学习成绩很好的女孩，也很听话，不像某些叛逆的青春期女孩。她唯一让爸妈操心的是她的身体——她从小体弱多病，动不动就感冒，每个月她都要请几天病假。这不，爸爸妈妈又带她来医院了。

“医生，您说我的女儿怎么回事，体质太差了！”妈妈顺便问医生。

“她平时吃得怎么样？”

“还行，不挑食，但吃不了多少。”

“那体育锻炼呢，多久锻炼一次？”医生追问。

“她几乎不锻炼，平时放学回家就直接钻到房间做作业、看看书。”

“那怪不得了，青春期的孩子不运动，身体怎么好得了？”

“原来是这样啊……”

的确，青春期的女孩，要健康，就要运动。生命在于运动，阳光、朝气蓬勃的女孩更需要运动。每个青春期女孩都希望有个健康的身体，一些女孩认为，男孩才需要运动，其实不然，适量的运动和和合理营养结合可促进女孩生长发育、改善心肺功能、提高耐久力、减少身体脂肪和改进心理状态等。这种经济、实用、有效、非药物又无副作用的措施，对于提高女孩健康水平起着重要的作用。

但事实上，青春期女孩整日面对的是课堂和作业，偶尔的体育锻炼也是为了体育成绩达标。即使学校把课间操、体育课、课外活动等时间全部加起来，一周平均下来，也只能勉强算作每天锻炼一小时。

青春期女孩要主动养成运动的习惯。青春期阶段是素质敏感期，这个阶段对外界环境的依赖性较大，如能在这阶段养成热爱运动的习惯，不仅能促进你的运动能力的发展，还会使你受益终身。

1.经常锻炼不同部位的肌肉、关节、韧带，可以让少年保持身体的协调运动能力。

2.适量的运动，可以锻炼呼吸系统、心血管系统，并改善新陈代谢与能量代谢。

3.经常保持有规律的运动锻炼，可以锻炼少年的性格，如坚韧性、意志力、明确的目的性、果断性、自我控制、自我评价和自我监督的能力。好习惯的养成，可以让少年拥有好的遵守一定行为准则的习惯和要求。

不过，青春期的女孩在做运动的时候，尤其是练举重或做肌力训练时，还应注意以下几点，否则很容易受伤。

1.少做静力练习或持续时间较长的负重练习。

2.运动量不要过大，所举的重量稍轻一些，总组数应少些，“超负荷”运动要适当。

3.要保证足够的饮食营养，补充高蛋白食品。

4.练习中要加强“防伤”和“防僵”的措施。

第 08 章

爱上乖乖的自己，青春期女孩走出这些审美误区

现代社会，由于受社会和影视娱乐媒体的影响，很多青春期女孩渐渐有了一种虚荣心，把自己摆在成人的位置，开始注意流行因素，让自己尽量与流行“接轨”，以免“落伍”。青春期的女孩，要从思想上提高认识，要认识到什么是真正的美与丑，要明白学生现阶段的主要任务是什么，走出那些审美误区。记住，做真实的自己才是最美的!

青春期女孩不化妆

周末，妞妞妈妈打算出门买点东西，她叫妞妞一起去，但是妞妞说自己不怎么舒服，想在家看电视。妈妈叮嘱完妞妞注意安全后，就自己出门了。

刚出路口，妈妈突然发现手机忘带了，就准备回家拿。回去的时候，几道门都没关，妈妈心想，这丫头，也不怕小偷进家门，刚嘱咐的就忘了。妈妈正准备进房间拿手机，却发现妞妞在她的梳妆台旁边，正在涂她的睫毛膏。看见妈妈进来，妞妞不知所措，吓得把眼睛都弄黑了。

“妞妞，你在干什么？”

“我看见班上几个女孩子都已经开始用口红和粉底了，就想看看自己化妆了以后是不是也会变漂亮。可又怕您不同意，就想趁您不在家的时候自己化妆看看。可我不会用。也没想到，您突然跑回来了。要不，您什么时候教我吧，我以后还可以参加一些聚会呢！”

“女儿，你还小，身体皮肤都处于生长期，用那些成人用的东西，第一，对身体不好；第二，也不适合你这个年龄。”

妞妞听完点了点头。

爱美，是每一个女孩的天性，但对于青春期女孩来说，真正的美丽是纯真的，本真的才是最美的。很多这个年龄段的女孩开始化妆，认为这是跟上时尚和潮流的一大表现，但其实，青春期是身体发育欠完善的时期，这些行为对身体有着诸多害处，女孩不可因此让青春的花儿过早地凋谢！

青春期就开始化妆，危害很大：

一、容易导致免疫力低下

青春期是儿童向成人过渡的关键时期。女性的青春期比男性的青春期出现得略早，一般从10岁左右开始，至20岁左右结束。在此期间，女性的卵巢会分泌大量的雌激素，促使其生殖系统开始发育，并形成月经。同时，青春期女性的心理也会发生很大的变化。这些情况都会对其免疫功能产生一定的影响。而青春期女性的免疫力一旦下降，就会出现原发性闭经、痛经、月经不调、生长发育缓慢、脸上生长青春痘、易感冒、精力不集中、营养不良等症状。

二、伤害皮肤

进入青春期后，人的生理会发生一系列变化，特别是随着内分泌功能的变化，少女的皮肤会变得洁白细腻、富有光泽和弹性。楚楚动人的美丽肌肤，关键在于保养，而不是化妆品的覆盖。

一般来说，18岁以后就可以用化妆品了。而青春期的女生是指12~18岁的女生，在尚未成年时，女孩不应该用化妆品，因为化妆品中或多或少含有一些有毒的化学物质，对人体总会有一定程度的影响。而且，化妆品的质量参差不齐，质量差的化妆品对人体的伤害更大。因此，别看其他女生也在用就去学她们，在青春期，女孩的皮肤是最好的，自我调节能力也很好，所以，尽量不要用化妆品，用一些温和的护肤品就好！

那么，青春期的女孩们在护理自己的皮肤时应该怎么做呢？

随着环境污染的加重，加之青春期户外活动多，空气中的粉尘落到脸上，涂在脸上的化妆品中的粉质、油脂等阻碍了皮肤的“呼吸”，均会给皮肤带来不良刺激，因此，女孩在回到室内后，应注意及时清洗。清洗时可用温水和香皂，而不必过分强调用洁面乳等。清洗干净后，干性皮肤也可适当涂些水性乳液，但应适量；油性皮肤可不用任何化妆品，适当按摩即可。

另外，有些少女长了痘痘后，出于爱美之心，便选择多种“治疗”粉刺的化妆品，“多”管齐下，以为这样肯定能消除恼人的痘痘；也有一些女孩为了掩盖住痘痘，涂一些粉底来掩盖住痘痘，结果是事与愿违、适得其反，使皮肤更差，痘痘越来越“猖獗”。防治粉刺，其实关键在于皮肤清洁，保持毛囊畅通，注意少食辛辣刺激性食物。因为，痘痘的出现，尽管与多种因素有关，但主要是与内分泌失调、皮脂分泌旺盛和面部不洁、过度使用化妆品有关。

青春期女孩，不要化妆。青春期皮脂分泌旺盛，若再用过多的化妆品，必然给皮肤的“呼吸”增加困难，影响皮脂分泌，反而有碍美容。

诚然，青春期的女孩都爱漂亮，但什么样的年龄就应该具有什么样的美，青春期的这种美是天然、富有朝气的，是用任何化妆品和人工的修饰都无法达到的！

高跟鞋，是不适宜的美丽

号称“假小子”的莉莉最近迷上了看时尚杂志，尤其是那本叫《昕薇》的少女杂志。她突然很想把自己转变成一个“女孩子”，于是，她存了一个多月的零花钱，准备买一双高跟鞋。

这天，她“咚咚”地敲开了好朋友丹丹家的门。当时，丹丹和妈妈正在午睡，她们就这样被吵醒了。丹丹开门一看，居然是穿着高跟鞋和裙子的莉莉，她看着莉莉的“转型”，简直是惊呆了，以前的“假小子”一下子变成了一个美丽的少女。但随后，丹丹妈妈开始担忧了，这么小的一个丫头，穿着一双高跟鞋，肯定是有害无利。

其实，丹丹每次看着走在T型台上的模特，也总是羡慕不已，因为她们总是有一双美丽的高跟鞋，能使身材显得更加高挑。丹丹也跟妈妈提过，希望能买一双高跟鞋，妈妈一直没答应。这次看到莉莉穿，她心里更是痒痒的了，于是对妈妈说：“妈妈，我有好多裙子，配高跟鞋更好看。你看，莉莉都穿了，你也给我买双嘛！”

“穿高跟鞋的确很好看，可是不适合你们这个年龄啊！而且，有一些危害。”

“什么危害？”

“我不是危言耸听……”

有人说：“没有穿过高跟鞋的女人就不算是女人。”女人大多都爱高跟鞋，仿佛它有神奇的魔力，能让女人瞬间变得有自信。高跟鞋是衬托女性挺拔秀丽身段的时尚元素之一，是女人一生无法抗拒的诱惑。女人穿上高跟鞋后，重心前移，挺胸收腹，显得健美、轻盈，风姿绰约，于是，很多女孩和莉莉一样，早早地穿上了高跟鞋。其实，青春期女孩是不宜过早地穿高跟鞋的，究其原因，女孩子过早地穿高跟鞋会引起骨盆和足部形态发生变化：

一、对骨盆生长有很大的阻碍作用

青春期少女骨结构中，软骨成分较多，骨组织内水分和有机物丰富，无机盐少。骨质柔软，很容易变形。而骨盆是人体传递重力的重要结构，穿平底鞋时，全身重量由全足负担；穿高跟鞋时，全身重量主要落在脚掌上，这样就破坏了正常的重力传递负荷线，使骨盆负荷加重，容易引起骨盆口狭窄，给成人后的分娩带来困难。穿高跟鞋还有可能使骨盆发生不易觉察的转位，影响骨环的正常结合，导致骨盆畸形。

二、影响足骨的发育

足骨的发育成熟大约在15~16岁。鞋的大小形状直接影响足骨的生长，严重的会让足部产生变形。过早地穿高跟鞋会使足骨按照高跟鞋的角度完成骨化过程，容易导致跖趾关节变形、跖骨骨折及其他足病，这些病都会引起足部疼痛，严重时可影响行走、活动。

有调查显示，长期穿高跟鞋的女性，腿部、会阴和下腹部的肌肉总是处于紧张状态，这直接影响到了盆腔的血液循环，使盆腔性器官的正常生理功能受到不良影响。

因此，青春期的少女不宜穿高跟鞋，特别是那种跟高7~8厘米的超高跟鞋。女孩平时以穿坡跟鞋或跟高不超过 3 厘米的鞋为宜，这样能有效减轻腿部承受的压力。

的确，青春期的女孩开始长大了，开始爱美了，开始希望有一两双高跟鞋，但你们要知道，高跟鞋对青春期女孩的危害很大。青春期的到来，并不代表你们已经发育成熟了，这是一个过渡期，很多成年女性的拥有的“权利”，对于你们来说还为时过早，等到你们真正成熟之后，再去享受成年的美好，也为时不晚。

节食减肥不可取

丹丹最近发现，自己的体重飙升。她生日那天，拉着美美和玲玲一起去买衣服，谁知，原本高高兴兴的她却不高兴了。因为她发现，小号和中号的她都不敢试了，甚至有的大号的衣服她都穿不上。看着身上的一块块肥肉，她说：“我要减肥！”她开始节食，可是不到几天体重又反弹了；她又开始吃减肥药，可是效果很差。

美美被丹丹的情绪感染了，回来也开始节食。到晚上，她就吃一个苹果。家人吃饭的时候，她就溜进房间，妈妈说了她几次，她也不听。

有一天晚上妈妈上卫生间，发现厨房有动静，还以为家里遭贼了，拉开灯一看，却看见美美在冰箱找东西。妈妈当时一下子明白了，“这丫头，我就知道她会自己明白过来”。美美怕被妈妈发现后不好意思，拿着一包面包就钻进自己房间了。

第二天，妈妈对美美说：“这下子尝到节食的苦头了吧，半夜睡不着吧？另外，我觉得我女儿挺苗条的，不需要减肥。即使稍微胖点，这个年纪，也不能盲目节食减肥。你把我的话跟丹丹也说说，到时候，身体垮了就晚了。”

听了这些后，美美委屈地抱住了妈妈。

总之，青春期女孩节食减肥不可取。

的确，一些女孩进入青春期后，既害怕发胖，又羡慕别人苗条的身材，于是和丹丹以及美美一样，一味节食减肥，或者采用其他各种方法减肥。其实，这是不正确的做法。青春期的少女最重要的就是保证能量供给充足和身体的正常发育，刻意减肥可能会带来身体上的损伤。就节食减肥而言，危害便有很多：

一、导致身体发育必需的能量供应不足，影响身体的成长发育

节食会导致人体必需的热量不足。而且，青春期相对于其他生命阶段来说，人体代谢更旺盛，活动量大，机体对营养的需求相对增多，既要满足生长发育的需要，又要支付每日学习、活动的需要。一般来说，每日所需要的热量一般不能少于12552千焦(3000千卡)，假如达不到这一标准，就会影响生长发育。

二、导致人体所需蛋白质缺乏

女孩的身体发育不同于男孩，它伴有明显的内分泌变化，更需要蛋白质的摄入，如果摄入不足，后果很严重。大量研究证明，很多女孩体质差、身体发育不好，就是因为营养跟不上，这其中就包括蛋白质摄入不足。这会造成负氮平衡，使女孩生长发育迟缓、消瘦、抵抗力下降，智力发育亦受到影响，严重者会发生营养不良性水肿。

三、导致各种维生素的缺乏

人体除了要吸收大量的热量外，更需要维生素的摄入，而节食可引起多种维生素缺乏病，如维生素B_2缺乏可导致脚气病；维生素C缺乏时可导致坏血病；维生素D缺乏可引起骨代谢异常、身材长不高或骨骼变形；维生素A缺乏可引起夜盲症。

四、节食可造成各种无机盐及微量元素缺乏

钙、磷摄入不足或比例不当会直接影响骨骼发育；缺铁可导致贫血；缺锌可影响人体生长发育和性腺发育。

五、长期节食会导致青春期厌食症

生活中，有一些肥胖的女孩子担心自己的体型，她们往往会用极端方法控制自己的饮食，比如，一天基本上不吃主食，或者只吃零食、水果或一些蔬菜。长此以往，必然导致大脑的饥饱神经中枢发生紊乱，进食越来越少、食欲越来越低，直至厌恶食物，最后出现一吃食物就恶心呕吐的神经性反应，产生神经性厌食症。

六、过度节食还容易出现闭经

大部分女孩子在节食的时候都抱着“管住自己的嘴才能瘦下来”的心理，于是，她们盲目节食。节食疗法的确会起到一些效果并且很明显，使得女孩的体重在短时间内便减了下来；但很快，更为严重的问题就发生了，那就是闭经。

医学资料表明，在一年之内，体重突然减轻 5 千克以上，或者减轻 10% 的年轻女性，一向规律的月经，往往会突然发生变化直至闭经。之所以如此，是因为人的大脑内有一个下丘脑，下丘脑中不但存在着饿感中枢和饱感中枢，还要分泌出一种叫作促黄体生成素释放激素，用于刺激脑垂体分泌黄体生成素和卵泡刺激素，这两种激素有刺激睾丸或者卵巢发育的作用，对月经来潮和精子、卵子的生成意义重大。

由于过度节食，大脑皮层发生功能紊乱，黄体生成素和卵泡刺激素分泌不足，卵巢分泌的雌激素和孕激素也相应减少，因此导致闭经。闭经时间越长，治愈机会越低，对女性健康的危害后果也越严重。

而同样，减肥药乃至一些其他减肥方法也是利用打乱人体正常的代谢功能达到减肥的效果，这些都会危及女孩的健康。青春期是人体生长发育最旺盛的时期，这一时期体质如何将影响一生的健康。

可见，节食减肥的方法是不正确的。要想保持良好身形，不如保持身心健康愉快，多参加户外活动，这样既能锻炼身体，又能增大热量消耗，保持苗条体形。另外，要保证足够的营养、适量的热量和合理的膳食结构，热量的摄入不能太多，既要注意各种营养的搭配，又要少吃高脂高热的食物，如奶油点心、巧克力，平时要多喝水。总之，要养成良好的生活、作息习惯，只要健康，就是美丽的。

有些时尚并不适合青春期的你

王先生的女儿叫王薇，她是同龄的女孩中始终走在“时尚前沿”的一个。这不，一个星期天，她并没有和同学一起出去玩，而是神秘地“失踪”了一天。到晚上的时候，她神采飞扬地跑来找好友小丽，对小丽说：“怎么样，我这发型？”

“你把头发染了？”小丽诧异地问。

“是啊，你不是看见了吗？怎样，我这色儿？”王薇还在炫耀着。

“你不怕你爸妈扒了你的皮？我们才十几岁呢！”

“大不了一顿骂。我们这个年纪不打扮，会被人认为是老土的。你看，我们学校好多初一初二的女孩都把头发染了，我们做师姐的应该带点头嘛！”王薇开着玩笑。

“可是，你明天怎么面对老师呢？万一老师要你染回去怎么办？”

“是哦，我怎么没想到呢？我爸妈的话可以不管，老师可不是好惹的。要真是要我染回去，我就说我这是定型定色的，染不回去了，他也没办法。”

“我劝你还是染回去吧，染发好像对身体不好噢，我们上网查查吧！”

上网搜了很多资料后，王薇的确看到好多关于青少年染发伤身体的评论。当天晚上，她就跑到理发店，恢复了头发的颜色。为这事，王薇花去了一个月的零花钱，后悔不迭。

进入青春期后，女孩开始逐步接触并模仿成人世界的一些做人做事、穿着打扮的方法；另外，受广告、媒体、娱乐的宣传的影响，很多女孩追求个性、时尚的生活方式，开始盲目追星，开始喜欢穿一些奇装异服，开始喜欢表现自己、喜欢出头。青春期是接受新事物的年纪，对于外界的新事物，女孩要学会取其精华、去其糟粕，然后为自己所用。

那么，对于青春期的女孩来说，哪些时尚不适合这个年纪呢？

一、染发

随着各种流行因素在学校的盛行，许多青春期女孩都能最先接收到一些潮流信息。即如染发，原本乌黑亮丽的一头长发被染成了红色、黄色甚至其他很多种颜色，不少女孩以此为美。其实，不管从什么角度来说，青春期女孩染发有害无利。

对健康而言，染发时，染膏对头发表层的毛鳞片有很强的破坏作用，如果养护不当，会造成头发的鳞片脱落、水分流失，粗糙起毛刺，缺少光泽，没弹性。

有的进口染发剂还含有醋酸铅，其含铅量是家用油漆、颜料含铅量的5~10倍。铅进入人体后，难以排出体外，引起蓄积中毒，导致头昏、头痛、倦怠乏力、四肢麻木，腿肚痉挛性疼痛、腹痛等一系列铅中毒症状，并且会进入肝肾和脑髓，破坏这些脏器的功能，严重者会由此丧失劳动力。

而青春期女孩染发也并不是一种美，它超出了青春期这个以天然为美的年龄界限，反倒变美为丑。其实，青春本来就是美丽的，做真实的自己才是最美丽的。

二、打耳洞

爱美之心，人皆有之，进入青春期后，女孩开始爱美，并开始有意无意地打扮自己，如耳洞。那些成年女性美丽的耳坠对其有着无限的诱惑，在校园里，女生之间经常议论“现在流行打几个耳洞”。

近年来，打耳洞的少女逐渐增多，而且耳洞越打扎越多。由于不懂消毒无菌知识，不少人乱打耳洞，造成局部红肿、流脓，甚至感到颈部或半侧头部疼痛。症状为颈部歪斜、疼痛、僵直、发硬、转头活动受限，可有神经压迫症状、四肢麻痹、感觉异常等。若炎症累及淋巴管，造成淋巴结肿大或淋巴管炎，严重的可危及生命，久病者可发生两侧面部不对称。

其实，不是所有女孩都适合打耳洞，疤痕体质和血小板含量低的人及糖尿病患者一般不建议打耳洞，月经期间也不宜打耳洞，否则容易造成明显疤痕，形成“菜花耳”或不易止血的情况，而月经期间打耳洞则容易受感染。

其次，打耳洞对于以学习为重的青春期少女来说，实在是一件麻烦的事，打了耳洞后，要立即并且保持每日2~3次的频率以浓度为75%酒精涂抹局部，至少持续1周。若发炎且严重者，还要及时就医。在洗脸、睡觉时都要避免挤压、碰击耳朵，至少刚穿耳洞的7天内都不能沾水，以保持耳洞干燥通风。每日还要轻轻旋转一下耳针，以防其与皮肤粘连一起。

更为关键的是，青春期的女孩应该保持朴素的作风，本真才是美，别让自己背上枷锁！

三、紧身裤

紧身裤能起到提臀、收腹的作用，让青春期女孩的身材更加苗条。但紧身裤并不宜穿。

很多女孩得了霉菌性阴道炎后，直至症状很重时还不自知。这些少女都有一个特点：一年四季都喜欢穿着短裙，而问题就出在紧紧包裹的裤袜上。

很多少女不管冬夏都喜欢穿着紧紧的裤袜和紧身裤，这表面上看没什么问题，其实是给大量厌氧菌的滋生提供了有利环境，成为产生阴道炎的潜在因素。人体中有大量的共生菌，也有不少致病菌，如大肠杆菌、霉菌、厌氧菌等组成的菌丛，它们互相之间处于一种平衡的状态，其中厌氧菌最适宜在封闭、阴暗和湿润环境下繁殖，冬天虽然天气相对较冷，但是少女四肢运动活跃，而裤袜、紧身裤等一穿就是十多个小时。在长时间的紧紧包裹之下，很容易制造出适合厌氧菌大量繁殖的环境。正常情况下，阴道内的厌氧菌含量为70%左右，但是，经过这样的“环境培养”，将使其含量大大增加。菌丛比例一失调，炎症便产生了。

爱美的女孩子切记，不能为了美丽而放弃健康。而实际上，青春期穿流行紧身裤并不为美，反而会过早地让自己的青春之花凋谢。

第 09 章

美丽的青春期，成长的禁区一定要远离

我们都知道，步入青春期后，女孩都开始形成自我意识，但这个阶段的女孩也缺乏社会经验，不成熟，很容易被社会上一些反动势力或者违法组织诱惑，甚至参与赌博、吸毒等活动。青春期是人生最美好的时光，本是健康、阳光的，一旦染上这些恶习，青春就会失色，人生也会暗淡。因此，青春期女孩一定要远离成长中的这些禁区，一定要学会把持住自己、爱惜自己，这样，青春期乃至整个人生才会健康向上！

女孩，请抵制来自烟酒的诱惑

这个周末放月假，到星期五的时候，大家纷纷收拾行李准备回家了。舟舟和一些不住校的学生却没有这样的激情，因为天天回家习惯了，舟舟倒很想知道住宿在学校的那种感觉。朋友微微背着自己的小挎包，跟舟舟耳语："放假了，我们准备轻松轻松，你去吗？"舟舟看着微微那神秘样子，不禁被勾起了好奇心。

于是，在放学后，舟舟随着微微来到了学校的后山。她远远就看见几个女孩在那里吞云吐雾，走近一看，原来是年级上几个"混得挺好"的女生在一起吸烟。舟舟心里有点怪怪的，想起爸爸时常在耳边说的话，但看着她们那潇洒的样子，心里又很羡慕。一个长发女孩随手递过来两支烟，微微伸手接住了，递了一支烟过来。舟舟心里一阵疑虑，矛盾着接还是不接。微微拿出打火机点了烟，呛了一口烟，样子好像很痛苦。她对舟舟说："你也来一支嘛，尝尝味道，什么都需要了解一下。"那烟味喷在舟舟的脸上，感觉很奇怪，舟舟不自觉地就把烟拿了过来，学着微微她们点上了。

喝酒抽烟作为成年人的应酬手段之一，其实对人体自身的危害是相当大的，尤其是对于身体正在发育的青春期女孩来说。青春期的女孩正处于迅速生长发育的阶段，身体各部位、器官都还没有发育成熟，神经系统、内分泌功能、免疫机能等也不稳定，这样的身体状况对来自外界的不利因素和刺激的抵抗能力是比较差的。所以，抽烟、喝酒对青春期女孩子的危害远远超过对成年人的危害。而且，抽烟、喝酒这样的行为也会直接关系到青春期的女孩子成年后的行为。事实上，抽烟、喝酒是不属于青春期这个年龄的，这对于你们以后能养成良好的习惯没有帮助。

一、吸烟对青春期女孩的危害

吸烟对青春期女孩的身体危害是多方面的，既影响女孩身体的发育，也会给女孩成年之后的生活带来一定的影响。青春期女孩的大支气管比较直，所以烟雾很容易直接进入肺里，这样一来，支气管和纤毛很容易受到焦油的刺激，以致降低巨噬细胞的功能。因此，吸烟对青春期女孩的危害是很大的，主要表现在几个方面：

1.危害大脑。香烟里含有大量的尼古丁，当青春期女孩吸烟之后，这些尼古丁就会作用于神经系统，并产生暂时的麻醉效应，使你感到舒服。但这样的兴奋现象只是暂时的，之后就会麻痹与抑制大脑的神经系统，这样一来，大脑的思维、记忆与判断等机能都会相应地减弱。另外，香烟燃烧产生的一氧化碳会与血液中的血红蛋白结合成碳氧血红蛋白，影响氧的运送和供给，使大脑处于缺氧状态，进而影响到你们的学习能力。

2.影响呼吸系统发育。因为青春期女孩的呼吸系统还没有完全发育完善，所以对烟雾比较敏感且抵抗力低下。另外，由于烟雾的长期熏灼、刺激，呼吸器官的防御机制遭到破坏，易引发急、慢性呼吸道炎症。

3.容易染上烟瘾。你若从青春期开始吸烟，则会比那些成年之后再开始吸烟的人更容易染上烟瘾，成为终身的吸烟者，也更容易对尼古丁产生依赖。这样一来，稍有不慎，还可能会染上毒品。

另外，吸烟也会影响到你的俊秀和良好的精神面貌。因为吸烟会使牙齿变黄，让人感觉你显得不干净，而你口中的烟味也会影响到你与他人的交际。另外，吸烟还使你看上去脸色苍白，显得少年老成，给人一种萎靡不振、颓废之感，缺乏青春期应有的朝气。

二、饮酒的危害

正处于青春期的你们，神经系统还没有完全发育健全，而喝酒会造成头晕、头痛、注意力涣散、情绪不稳、记忆力减退等，这对于正处于学习的黄金时间的你们来说是大为不利的。其实，酒对青春期女孩的危害远远超过了对成年人的伤害。如果你过量饮酒，还有可能对你的神经功能造成伤害。

除此之外，青春期女孩的食道、胃黏膜细嫩，管壁浅薄，对酒精比较敏感，饮酒会影响胃酸及胃酶的分泌，导致胃炎或胃溃疡的发生。而酒精进入人体后，要靠肝脏来分解，而你们的肝脏还没有完全分化，肝组织较脆弱，饮酒会破坏肝的功能，甚至引起肝脾肿大、酒精性肝硬化。饮酒后还会引起毛细管扩张、散热增加、抵抗力下降，易引起感冒和肺炎。

青春期是你们的心理、智力和体格快速发育的时期，所以要养成不吸烟、不喝酒的好习惯，这对于你们一生的健康都是很有帮助的。如何抵制来自香烟和酒精的诱惑？这就需要你们有较强的自制力，控制自己的行为，并养成良好的生活习惯，以避开香烟和酒精的危害。

“黄毒”让花季失去色彩

娜娜因为学习上的相关事宜，晚上回家后的绝大多数时间都是在电脑上查资料。今天，老师又留了一道历史分析题，让大家回去在互联网上查阅相关资料，明天再把所做的功课交上去。娜娜打开电脑，习惯性地打开百度的窗口，输入了老师留下的题目，顿时出来大篇的网页。她一个个地展开，又一个个地关闭，看了大半天都没有找到与老师所说的相关的题目。

娜娜很泄气，也有点气愤，怎么还是查不到呢？她气愤地摔鼠标，却不经意碰到了一个网站，网页自动弹出来了。出现在娜娜面前的是惊人的一幕：裸着身体的男女……娜娜只觉得一股热血涌上来，呆呆地坐在那里，浑然忘记了自己在干什么。娜娜看得面红耳赤，似乎连妈妈推门进来都不知道……

青春期女孩子经常在网络上查阅资料、聊天，一不小心就会遇到与娜娜类似的情况。面对自动弹出的不明网页，女孩好奇地点开它，里面原来是淫秽画面。其实，这就是专门诱惑你上当的陷阱，如果你按捺不住点开了它，并进行大量的浏览，那么只会损害自己的身心健康。

一、什么是黄毒

也许，你在报纸上、电视上经常看见“黄毒”这两个字，却不知道它到底包含了什么东西，也不知道它的危害性。黄毒就是黄色、淫秽物品，是指宣扬男女之间不健康、不正当甚至变态的性行为，毒害人的心灵，毒化社会风气，容易教唆人们违法犯罪的音像制品、报刊、书籍以及现在在网络上流行甚广的各种格式的电影文件等。如今，互联网的日益发展，使黄毒渐成蔓延之势，不可阻挡，也增加了青春期女孩接触黄毒的机会。虽说黄毒是不可能根除的，但是作为青春期女孩的你可以约束自己。

二、避免黄毒的冲击

青春期的你们正处于身心成长的关键时期，所具备的判断能力有限，当你随意地在网上浏览时，会对网络上的淫秽色情内容防不胜防，你们没有太强的辨别能力，很容易沉迷其中、不能自拔。而这样的情况会影响到你们的生活和学习，导致你们无心学习、精神萎靡，进而危害你们的身心健康。所以，即便你在互联网上无意之中发现了，也需要克制自己的好奇心理，关闭网站，控制自己不受黄毒的诱惑。另外，你可以多参加一些有益的课外活动，在老师的引导下，参与积极向上的活动，以避免网络淫秽色情的冲击。

三、谨慎使用手机接收文件

如今，手机也成了传播黄毒的载体。现在很多孩子都有了自己的手机，除了用来与父母、朋友联络之外，也用来互相发一些短信、彩信之类的。而这样的一个载体也经常被那些不法分子加以利用。如果你交友不慎，而他又沉迷于黄毒，他就会不时地给你发一些黄色短片或黄色图片，这样的彼此互相传播，使得越来越多的女孩受到黄毒的危害。所以，作为一个青春期女孩，你应该克制自己，既不能受黄毒的危害，也不能把这样的黄毒传播出去危害其他同学。青春期是一个美好的年龄，父母希望你们能在敏感的青春期平平安安、身心健康，这就是为人父母者最大的欣慰。

毒品除了危害就是危险

这天，在学校的禁毒讲座上，老师讲了这样一个案例：“某中学，有个叫黄静的14岁的女生，因为吸毒，先后把家中价值10万元的财物拿去变卖。为了勒索财物，她经常在家大吵大闹，殴打八旬的祖母。一天，她扬言：如果不在规定的时间内给3000元钱，她就会叫‘道友’将全家杀掉。母亲一怒之下一把揪住黄静，并喝令在家的丈夫一起动手，勒死了他们唯一的女儿黄静。一个个好端端的家庭就这样被毁了。”老师在台上情绪激动地讲着。

的确，许多血淋淋的故事警示青春期的女孩们：“一人吸毒，全家遭殃。”毒品让人丧失一切人性，为了吸毒，有人可以弑父杀母，有人可以自残、可以抢劫。

毒品是人类健康乃至幸福的杀手，一旦染上毒品，就意味着步入毁灭、滑向无底深渊，吸毒是通向地狱的绝望之路，毒品不知摧残了多少人的健康。很多年轻人因为吸毒百病丛生。毒品危害如此猛烈，为什么青少年还会吸食呢？青少年吸毒的原因是复杂的、多种多样的，有社会的原因、自身的原因，也有生理、心理的等诸多原因。其中一个不可忽视的原因就是诱惑。

青少年身心发育尚未成熟，世界观、人生观尚未形成，思想幼稚，好奇是此年龄段的特有心理，他们对任何事物都存在强烈的好奇心和探索欲望。但是，他们往往缺乏必要的科学文化知识和辨别是非的能力，当听说吸毒后“其乐无穷”时便想试一试，乃至一发不可收拾，被毒魔死死缠住不能自拔。这就是好奇心惹的祸。

青少年吸毒主要是由于自身意志力薄弱，抵制不了毒品的诱惑以及“试试看”的心理。青春期女孩要引以为戒，从自身做起，主动远离毒品，不和社会上的无业人士打交道，不去酒吧、夜总会等危险场所，不接触有过吸毒经历或者和毒品有接触的人，不要因为一时冲动或为了报复父母就尝试毒品，总之，不给毒品任何侵害自己的机会。女孩们要从以下几个方面努力：

一、坚决不抽第一根烟

要拒绝毒品，首先要拒绝抽烟。因为吸烟和毒品往往只有一步之遥，很多青少年被毒品毒害，就是因为无法拒绝别人递来的烟。因此，青春期女孩，要做个健康的女孩，首先不要和烟草沾上边。

二、别因挫折而吸毒

处于青春期的女孩们，情绪变化快，遇到挫折自我调节能力差，常因此意志消沉、一蹶不振，这成为很多毒贩子下手的突破口。为此，青春期的女孩们，即使遇到挫折也坚决不能当毒品的“俘虏”，千万不能“借毒消愁”。当你遇到挫折的时候，不要忘记，还有父母、老师、朋友，他们都是你倾诉的对象。当你听完他们的建议后，也许你会豁然开朗。因此，凡事不要闷在心里、独自扛着，更不要“借毒解痛”“借毒消愁”。

三、学习禁毒知识，做到“四个牢记”

一要牢记什么是毒品；二要牢记吸毒极易成瘾，并极难戒断；三要牢记毒品害己、害人、害家、害国；四要牢记吸毒是违法，贩毒是犯罪。

四、决不尝试第一次

有些人以为，毒品没什么大不了的，出于好奇心，他们以身试毒，结果一发不可收拾，最后被毒品吞噬。事实证明，很多人吸食毒品都是好奇心造成的恶果。事实上，毒品就是幸福生活的杀手，人一旦尝试，就会陷入痛苦的深渊。再有意志力的人，在尝试第一口后，也无法自拔。因此，青春期女孩只有坚决与毒品隔绝，才能避免毒品的侵害。

因此，青春期女孩要提高自己的自控能力，千万不要去尝试吸毒的滋味。千万不要相信“吸一口没事”“吸一次不会上瘾”，要记住“吸了第一口，就没有最后一口”；千万不要相信“我吸了不会上瘾，我吸了能够戒掉”，要记住“吸毒犹如打开地狱之门”，任何人踏进去，都如同坠入灾难的深渊。为了终生远离毒品，不论出于什么动机，不论出现什么情况，我们都要坚定地把握住自己，永远不要去尝试第一口。

五、学会拒绝吸毒的方法

要懂得分辨善恶，遇坏朋友引诱时，抱定永不吸毒的信念，坚决拒绝。遇吸毒人员迅速离开，并及时向公安机关报告，坚决不与之交往。

六、远离不健康的娱乐场所

当今社会，娱乐场所也经常出现一些青少年的身影，让人忧心忡忡。事实上，这些场所中，黄、赌、毒等不良行为甚至违法犯罪活动猖獗，一旦走进去，就有可能身不由己、陷入深渊。因此，要想洁身自好，当你想去娱乐场所放松身心的时候，就一定要有所选择。

参考文献

[1]沧浪.女孩成长记[M].北京：中国妇女出版社，2014.

[2]沧浪.成长的秘密：青春期女孩生理知识手册[M].北京：中国妇女出版社，2016.

[3]爱舒.完美女孩青春期手册[M].北京：中国纺织出版社，2017.

[4]董亚兰.完美女孩青春期成长手册[M].北京：北方工业大学出版社，2014.